하나님의 음성을 듣는 것은
은사가 아닙니다

당신이 하나님을 더 깊이 알아 가고 더 널리 알리는 사람이 되는 것, 이 책에 담긴 예수전도단의 마음입니다. 말씀을 통해 저자가 깨닫고, 원고를 통해 저희가 누릴 수 있었던 그 감동이 책을 통해 당신에게도 전해지기 원합니다. 그리고 당신을 통해 그 기쁨과 은혜가 더 많은 이들에게 계속해서 흘러가기를 기도하겠습니다. 이 책을 통해 당신이 받은 은혜를 다른 분들에게도 나눠 주십시오. 사랑하고 축복합니다.

'좌충우돌' 주님 음성 듣기

하나님의 음성을
듣는 것은 은사가 아닙니다

문희곤 지음

예수전도단

추천의 글

●

정말로 가슴이 후련해지는 책입니다! 이 책이 전해 주는 기쁜 소식은, 하나님이 전문 사역가나 소수의 엘리트 집단에게만 말씀하시는 것이 아니라 그분의 모든 백성에게 말씀하신다는 사실입니다. 이 책을 읽는 모든 분께, 하나님이 여러분께도 간절히 말씀하기 원하신다는 확신이 임하길 기도합니다. 하나님의 음성을 듣는 것은 특별한 '성령의 은사'를 필요로 하지 않습니다. 하나님은 바로 지금 이 순간에도 말씀하고 계십니다. 우리는 그저 그 음성에 귀를 기울이기만 하면 됩니다.

얼마나 흥미진진한 소식입니까! 하나님이 말씀하시고 우리가 들을 때, 우리는 더 이상 '평범한' 사람이 아닙니다. 우리는 하나님이 말씀하실 대상으로 선택하신 그분의 백성입니다! 우리는 더 이상 하찮은 존재가 아닙니다. 우리는 기드온이나 갈렙 같은 하나님의 용사가 될 수 있습니다.

교회가 교회의 주인 되신 분의 음성에 다시 귀 기울이기 시작할 때, 전세계적인 부흥을 이끌 교회의 변화와 개혁을 목격할 것입니다. 주님과 동행하려는 모든 그리스도인에게 이 책을 권합니다.

오대원 목사 부부(David and Ellen Ross)
한국 예수전도단 설립자

●

 이제껏 살면서 나는 정말 수없이 많은 복을 받아 왔고, 앞으로도 계속 그 복을 받으며 살 것이다. 내가 하나님께 받은 최고의 복은 죄사함, 즉 구원이다. 나 같은 죄인이 죄사함 받고 구원을 얻어 하나님이 쓰시는 그릇으로 살아간다니, 그 이상의 복은 없다고 생각한다.

 그 다음으로 꼽을 복은 무엇일까? 바로 좋은 사람을 만나는 복이라고 생각한다. 힘들고 어려워도 부모의 책임을 다하신 내 부모님을 만난 것, 시간이 흐를수록 더 사랑스러워지는 아내를 만난 것, 나이가 들어서도 여전히 자기 아비를 좋아해 주는 세 아들을 만난 것, 착한 며느리와 두 손녀를 만난 건 정말 하나님의 은혜이자 축복이다.

 하나님은 여기에 더해 좋은 목회자와 스승을 만나는 복과 좋은 친구와 좋은 동역자를 만나는 복을 주셨다.

 문희곤 목사를 만나 동역한 지 3년이 지났다. 그 시간 동안 언제나 조금의 망설임 없이 할 수 있는 말이 있었다. 그것은 바로 "문희곤 목사를 만난 것은 내게 큰 축복이다"라는 말이다.

 그런 그가 이번에 《하나님의 음성을 듣는 것은 은사가 아닙니다》라는 책을 출판하게 되었다고 한다. 무슨 일에건 하나님의 음성에 늘 귀 기울이는 그이기에 이 책을 쓸 수 있었을 것이라고 생각한다.

하나님의 음성을 듣는다는 것은 정말 귀한 일이다. 반대로 그분의 음성을 듣지 못한다는 것은 불행한 일이다. 많은 사람이 이 책을 통해 하나님의 음성 듣는 축복을 누리게 되기를 기대하고 기도한다.

김동호 목사
높은뜻숭의교회 담임

•

'하나님의 음성을 듣는 것은 은사가 아닙니다.'

그렇습니다. 하나님의 음성을 듣는 것은 은사가 아닙니다. 은사는 하나님의 주권에 따라 각각 다르게 주어지는 것입니다. 따라서 은사는 모든 사람에게 동일하게 주어지지 않습니다. 만일 음성을 듣는 것이 은사라면 모든 신자가 음성을 들을 수는 없습니다.

그러나 하나님의 자녀라면 누구나 하나님의 음성을 들을 수가 있습니다. "내 양은 내 음성을 듣는다"라고, 목자 되신 주님께서 친히 말씀하셨습니다. 그러므로 음성 듣는 것은 은사가 아니라, 주의 자녀들의 삶일 따름입니다. 그것은 우리가 날마다 부모의 음성을 듣고 사는 것만큼이나 자연스런 것입니다.

문희곤 목사님은 이 자연스런 진리를 너무나 쉽고 통쾌한 해학으로 진술하고 있습니다.

이 책은 쉽게 쓰였지만, 결코 피상적인 책이 아닙니다. 이 책은 탄탄한 성경 신학의 기초 위에서 필자의 간증과 함께 펼쳐집니다. 그래서 믿을 만하고 읽을 만하고 감동받을 만합니다. 하나님의 음성에 목마른 모든 친구들에게, 다소 흥분한 마음으로 이 책을 추천합니다. 그리고 이 책을 읽고 행복해 할 많은 성도들의 모습으로 말미암아 함께 기뻐하고 싶습니다.

이 책을 읽고 하나님의 음성에 순종하는 무리가 일어날 것을 기다리며,
함께 주의 음성에 이끌려 사는 자가 된

이동원 목사
지구촌교회 담임

contents

추천의 글 • 4

머리말_ 하나님의 음성 듣는 삶을 배운 곳, 예수전도단 • 11

1장 하나님의 음성을 듣는다고? • 21

'못해 신앙', 하나님의 음성 듣는 삶에 입문하다 | 예수전도단은 하나님의 음성을 듣는 중에 시작되었다 | 도대체 하나님의 음성이란 무엇인가?

2장 하나님은 수다쟁이다 • 33

하나님이 세상을 창조하신 이유 | 하나님이 사람을 창조하신 이유 | 함께 수다 떨려면 격이 맞아야 한다 | 내 양은 나와 수다 떨 수 있다!

3장 당신도 하나님의 음성을 들을 수 있다 • 49

모든 사람은 누군가의 음성을 들으며 살아간다 | 문제는 '듣느냐 안 듣느냐'가 아니라 '수용이냐 거부냐'다 | 하나님의 음성에 대한 오해

4장 하나님이 당신에게 말씀하시는 이유 • 69

영적인 삶을 살게 하려고 | 정체성을 바꿔 주려고 | 능력 있는 삶을 살게 하려고 | 삶의 목적을 알게 하려고 | 축복된 삶을 살게 하려고 | 그러므로 하나님의 음성 듣는 법을 배워라

5장 하나님의 음성, 이렇게 들어라 • 99

하나님과의 인격적인 관계에서 출발하라 | 하나님의 음성을 듣기 위한 내적 요소 | 하나님의 음성을 듣기 위한 외적 요소

6장 하나님의 뜻, 이렇게 분별하라 • 129

어떤 하나님을 믿고 있는가? | 당신 안에 있는 하나님의 이미지를 점검하라 | 하나님이 말씀하시는 원칙에 들어맞는가? | 당신의 마음으로 들었는가? | 마음의 상태는 어떠한가? | 들은 것이 정말 하나님의 음성인지 분별하라 | 하나님의 음성을 듣는 당신의 유형은 무엇인가?

7장 성경, 기록된 하나님의 음성 • 181

DTS의 기반, 말씀 묵상 | 무궁무진한 말씀의 능력을 발견하라 | 성경에는 하나님의 성품과 원칙이 담겨 있다 | 성경 읽기와 암송, 그리고 하나님의 음성

8장 경건한 삶이 열쇠다 • 193

경건을 연습하라 | 저스트 두 잇! | 주님께 안정감을 두라 | 충성하라 | 끝까지 들어라!

9장 우리 같은 사람도 • 213

용사로 거듭난 겁쟁이 | 내가 너를 쓰겠다 | 양털 시험과 하나님의 작업 | 비상식이 상식을 이기다 | 하나님의 음성을 듣는 것은 그분을 알아 가는 것이다

부록 • 245
묵상을 통해, 살아 계신 하나님을 날마다 경험하려면… | 하나님의 음성을 다른 사람과 나눌 때 주의해야 할 것 | 초신자에게 하나님의 음성 듣는 법을 가르칠 때

참고 도서 • 251

머리말

하나님의 음성 듣는 삶을 배운 곳, 예수전도단

나는 '아주 특별한' 모태 신앙인이다. 일곱 남매를 둔 종갓집에 시집오신 우리 어머니는 3년 동안 아이가 생기지 않자 '자식만 낳게 해준다면 뭐든 믿겠다'는 심정으로 무작정 교회에 나가셨다. 결국 어머니의 기도로 내가 태어났다. 그 때문에 나는 그 어떤 선택의 여지도 없이, 하나님과 교회에 발목 잡혀 자랐다.

그러니 당연히 내게 신앙생활이란, 삶에서 따로 떼어놓을 수 없는 존재였다. 나는 학생이 학교에 가듯 당연하게 교회에 갔고, 하나님이 계시다는 것을 추호도 의심하지 않았으며, 언제 어디서나 당당하게 '식사기도'를 했다. 잠자리에 들기 전에는 꼭 성경을 읽었고, 어려운 일이 생기면 제일 먼저 기도했다. 그렇게나 나름대로 신실했던 나는 대학에 들어가면서 큰 변화를 맞게 되었다.

입학식도 치르지 않은 예비 신입생 시절, 한 선교단체가 주관한 영성수련회에 참석하게 되었다. 바로 예수전도단 대학사역의 신입생 전도학교(지금의 대학생 Mission Conference)였다. 그곳에서 나는 성령을 체험했다. 전에도 비슷한 경험을 한 적은 있었지만, 그때의 체험은 이전과 완전히 달랐다.

"이제부터 저는 예수 그리스도의 증인과 제자로서 하나님의 영광을 위해 살겠습니다. 그렇게 살 수 있도록 제게 성령세례를 주십시오!" 이러한 진지한 고백과 결단으로 기도하던 나는, 난생처음 짜릿하고 강렬한 성령의 역사를 체험했다. 그것이 다가 아니었다. 성령의 역사는 수련회 이후에도 계속되어, 하나님에 대한 나의 태도를 180도 바꿔 놓았다.

나는 '정통파 모태 신앙인'으로서 살아왔기 때문에, 하나님과 나의 관계는 일방통행에 가까웠다. 그래서 나는 하나님과 나의 관계를 '행위와 보상'으로 이해했다. 즉, 어느 정도의 자격과 수준을 갖추어야 그분의 은혜와 사랑을 받을 수 있다고 생각했다. 내 안에는 나름대로 높은 '종교적 기준'이 자리하고 있었다. 예배에 참석하고 교회에서 봉사하는 일들은 내 삶의 최우선순위였지만, 그런 일들은 결코 나를 하나님과의 깊은 만남으로 이끌지 못했다. 또한 온 정성과 노력을 다해야 하나님이 들으신다고 생각해서 큰소리로 부르짖으며 기도했지만, 사실 그 기도는 내 푸념에 가까웠다.

하나님이 기도에 응답하시면 '내가 잘해서 그렇지'라며 은

밀하게 교만을 떨었고, 그렇지 않으면 '기도한다고 다 되겠냐'며 체념해 버렸다. 하나님께 '왜 어떤 기도는 응답하고, 어떤 기도는 응답하지 않으시는지' 여쭈어 볼 생각은 아예 하지 못했다. 그저 하나님은 나의 일방적인 기도를 듣기만 하시고, 나는 하나님의 응답이 어떻든 군소리 없이 받아들여야 한다고 생각했다. 그야말로 하나님과 나의 관계는 무미건조했다. 사실, 내가 예배와 사역, 경건 생활에 열정을 쏟아 부었던 이유는 하나님과의 친밀한 사귐에 있지 않았다. 오직 내 믿음의 성장, 내 필요의 충족, 내 사역의 부흥, 내 부르심의 성취에 있었다.

그러나 예수전도단에서 성령의 능력과 역사를 '찐하게' 맛본 이후, 수많은 변화를 경험했다. 하나님과의 관계는 '쌍방통행'으로 바뀌었다. 그분의 뜻과 입장, 속사정이 점점 궁금해지기 시작했다. 하나님은 쉬지 않고 말씀하시는 분이라는 진리도 깨닫게 되었다. 그래서 기도할 때, '주시옵소서'라고 구하기만 하는 게 아니라 '제가 무엇을 하기 바라십니까'라며 감히 질문할 수 있게 되었다. 그때 나는, 이러한 변화들이 참 놀라웠다. 무엇보다 무미건조하고 형식적인 신앙생활을 해오던 내가 하나님의 음성을 듣고 깨닫는다는 사실이 가장 놀라웠다.

나는 예수전도단의 묵상과 중보기도 훈련을 통해, 하나님의 음성을 듣고 분별하는 법을 배웠다. 그렇게 깨달은 내용은, 무차별하게 적용했다. 지금 돌아보면, '무식한 놈이 용감하다'는 말에 딱 들어맞는다. 혼자 착각하고 엉뚱하게 해석한 탓에 실

수가 잦았지만, 그분의 음성을 듣는다는 기쁨과 감격으로 몹시 행복했다.

그러던 어느 날, 하나님의 음성에 대해 혼란을 겪는 나 자신을 발견하게 되었다. 하나님의 음성을 들었다고 확신하여 그대로 순종했는데, 결과가 정반대로 흘러간 적이 아주 많았기 때문이다. 게다가 일의 실패에 대한 원인을 '하나님의 음성'으로 돌려 책임을 회피하려 하고, 자신의 이익만 추구하는 영적 지도자들의 모습은 더욱 혼란만 안겨 주었다. 평소에 "하나님이 말씀하셨는데…"라는 말을 입버릇처럼 하던 사람들이 그런 모습을 보이다니, 실망스럽기 짝이 없었다. 그래서 내 머릿속에는 수없이 많은 의문부호가 떠올랐다.

'정말 하나님이 말씀하시고, 우리는 들을 수 있는 걸까? 이 단체(예수전도단)만 커다란 영적 착각에 빠져 있는 건 아닐까? 하나님이 말씀하신다는 건 대체 무슨 뜻일까? 하나님의 음성을 듣는다는 것은 또 무슨 의미일까? 하나님의 음성을 듣는 방법이 따로 있는 걸까? 어떻게 예수전도단 사람들은 하나님의 음성을 들었다는 말을 아무렇지도 않게 할 수 있을까? 내 방법이 틀려서 그분의 음성을 듣지 못하는 걸까? 하나님의 음성인지, 내 생각인지 어떻게 분별하지? 여러 사람이 하나님의 음성을 함께 들었을 때, 다툼과 갈등 없이 그 음성을 분별할 방법은 없을까? 하나님의 음성을 듣고 순종했는데, 이루어지지 않으면 어떻게 해야 할까? 그런데도 계속해서 하나님의 음

성을 들으며 살아야 할까?…'

정규 신학수업과 예수전도단의 훈련을 받고 '하나님의 음성'을 다룬 강의와 서적도 많이 탐구했지만, 가슴 한구석이 여전히 답답했다. 대부분의 강의와 서적은 '누구나 하나님의 음성을 들어야 하며, 들을 수 있다'는 것을 전제하기 때문이었다.

YWAM의 국제회의에 참석하거나 해외 베이스를 방문할 때도 하나님의 음성에 대한 고민이 여지없이 떠올랐다. 서구의 그리스도인들은 하나님의 음성 듣기를 그리 어려워하지 않는 것 같았다. 오히려 당연하게 받아들이고 있었다. 심지어 초신자들이나 이전에 매우 방탕하게 살았던 사람들조차도, 일상생활에서 자연스럽게 하나님의 음성을 듣고 누리고 있었다. 그런 사람들 앞에 있자니, 내 자신이 마치 '영적 지진아'처럼 느껴졌다. 어떻게 그리 쉽게 하나님의 음성을 듣는 것인지, 나 혼자만 어딘가 문제가 있어 보였다. '하나님의 음성을 들을 만한 자질이 내게는 없는 걸까, 아니면 저 사람들이 너무 신령한 걸까? 그것도 아니라면 저들이 너무 지나치게 매사를 영적으로 해석하는 걸까?'

그러나 사실, 하나님의 음성을 자유롭게 듣는 서구인들보다 나를 더욱 미치게 하는 것은 따로 있었다. 나 또한 하나님의 음성대로 이루어지는 삶의 역사를 여러 번 경험해 봤다는 사실이었다. 하나님의 뜻이라는 확신이 들어서 기도하며 순종한 일들이 열매로 나타나는 것을 보면, 하나님은 분명 나에게 말쏨하는 분이셨다. 따라서 하나님의 음성을 긍정할 수도, 부정할 수도 없는 상태였다.

그로부터 오랜 시간이 흘렀다. 요즘 들어, 하나님의 음성 때문에 머리를 쥐어뜯는 사람들이 참 많아진 것 같다. 예전에만 해도 하나님의 음성이라는 주제는 늘 '이단' 시비가 따라다녔다. 신령한 체험과 은사를 추구하는 몇몇 교회와 목회자만 다룬 주제였다. 하지만 더 이상 하나님의 음성에 대한 이야기는 문젯거리가 되지 않는다. 오히려 너 나 할 것 없이 관심을 보이며, 배우고 싶어 한다. 최근의 기독교 서적과 설교, 강의, 세미나 등을 조사해 보면, '하나님의 음성을 듣는다'는 것이 얼마나 일반화되고 대중화되었는지 실감할 수 있다.

하지만 여전히 많은 교인과 교회가 하나님의 음성을 혼란스러워한다. 하나님의 음성에 대한 성경적이고 체계적인 지침이 없기 때문이다. 하나님의 음성을 듣는 삶을 이미 살고 있으면서도, 자신에게 '영적 청각 장애'가 있다고 의심하는 성도들도 많다. 그분과 동행하는 삶의 열쇠가 되어야 하는 하나님의 음성을, 다른 사람에게 자기 뜻을 관철시키는 도구나 신앙 내공을 자랑하는 수단, 변명과 회피의 빌미로 사용하는 사람들도 많다. 이것은 '개인적으로 듣는' 것은 죽어라고 가르치면서 그들은 바를 공동체 안에서 확증하고 분별하는 데는 소홀했던 한국 교회에 상당 부분 책임이 있다. 그러나 이러한 혼란에도 불구하고 하나님의 음성에 갈급해하는 교회와 그리스도인은 점점 더 늘어날 것 같다. 그렇다면 우리는, 하나님의 음성을 듣고 분별하는 것에 대한 올바른 도움을 대체 어디에서 얻을 수 있을까?

일찍부터 내가 안고 달려온 '하나님의 음성'에 대한 고민과 경험은, 아직도 현재진행형이다. 주님은 내게 그런 고민과 경험들을 책을 통해 나누라고 하셨고, 결국 여러 해에 걸쳐 이 책을 쓰게 되었다. 이 책에 담긴 내용은 내가 묵상하면서, 금식하고 기도하면서, 예수전도단의 훈련을 받고 사역하면서 오랜 실패와 고민 끝에 얻은 것들이다. 예수전도단은 하나님의 음성에 대해 가장 대표적이고 전문적인(?) 단체이긴 하지만, 그렇다고 예수전도단이 가르치는 모든 내용이 옳으며 모든 개인과 신앙 공동체가 그것을 따라야 한다고 생각하지는 않는다. 다만 나는 예수전도단의 훈련을 통해 하나님의 음성에 대한 혼란과 복잡한 고민들을 정리할 수 있었다. 그래서 적어도 지금은 갈등하거나 고민하지 않게 되었기에, 감사하는 마음으로 독자들에게 내 경험을 나누고 싶다.

이 책을 가장 읽어 주었으면 하는 첫 번째 독자 대상은 바로 내가 섬기는 예수전도단의 모든 사역자다. 월급도 없고 아무런 보장도 해주지 않는 자비량 선교단체에서 기쁨으로 주의 나라를 섬기는 나의 동역자들이 하나님의 음성 듣는 삶을 더욱 확고히 다질 수 있기를 바란다. 그리고 하나님의 음성을 들으며 살고 싶지만 부담스럽고 혼란스러워서 힘들어하는 모든 지역교회의 목회자와 직분자, 중보기도 팀과 성도들에게도 널리 읽혔으면 좋겠다.

이 책에서 나는 하나님의 음성을 듣는다는 것의 진정한 의미가 무엇인지, 우리가 하나님의 음성에 대해 혼란스러워하는 이유는 무엇인지, 하나님의 음성을 듣는 것과 문화와 세계관에는 어떤 연관성이 있는지, 하나님의 음성을 들으려면 어떤 요소가 필요한지 설명할 것이다. 그리고 이 책을 다 읽었음에도 '내가 과연 하나님의 음성을 들을 수 있을까?' 하는 의심을 끝까지 놓지 못하는 독자들을 위해 우리가 잘 아는 성경 인물을 소개할 것이다. 이 책의 결론은 간단하다. 하나님의 음성을 듣고 분별하여 순종하는 삶은 우리가 이미 하고 있는, 충분히 할 수 있는 일이라는 사실이다. 그래서 주의 백성이라면 누구나 기쁜 마음으로 담대하게 주님의 음성을 기대할 수 있으며, 그분의 뜻에 순종하는 삶을 살 수 있다.

책을 읽다 보면, 동의할 수 없거나 이해하기 힘든 부분이 있을 것이다. 기대하는 만큼의 구체적인 방법과 노하우를 제시하지 않아 실망할지도 모른다. 하지만 말씀을 해석하고 적용하는 과정을 올바른 방법으로 느낀다면, 그 부분을 꼭 되새겨 보기 바란다. '다른 것'과 '틀린 것'은 완전히 별개다. 이 책에서 얻는 부분을 먼저 개인적으로 적용해 보고, 그 다음에 본인이 속한 교회와 신앙 공동체 안에서 적용해 볼 것을 권한다.

앞서도 밝혔지만 이 책은 여느 때보다도 가장 힘들게, 오랜 시간에 걸쳐 완성한 책이다. 그런 만큼 예수전도단 식구들의 이런저런 도움을 많이 받았다. 이 책에 담긴 온갖 좋은 것은 정말 다 그분들 덕분이다. 일일이 지면에 기록할 수 없어 아쉬울 뿐이다.

모자라도 한참 모자란 사람인 내가 예수전도단의 가장 대표적인 가르침인 하나님의 음성이라는 주제로 책을 쓰도록 기회를 주고 여러 가지로 힘써 준, 귀한 동역자이자 형제인 이창기 목사, 이 책을 잘 만들고 퍼뜨려 준 출판사의 홍지욱 편집자와 여러 형제자매에게도 깊이 감사한다. 그리고 나의 가장 큰 동역자요 친구인 아내 혜경과 아이들(수연, 수진, 호균)에게도 마음 깊이 사랑과 감사를 전한다.

문희곤

---

† YWAM은 국제적인 초교파 선교단체 Youth With A Mission의 약자이다. 예수전도단은 한국에 파송된 미국 남장로교 선교사인 오대원(David E. Ross) 목사가 설립했으며, 초창기에는 YWAM과 별개의 단체였다. 그러다 1980년에 YWAM과 연합하여 YWAM Korea(한국에서는 원래대로 '예수전도단'이라는 명칭을 사용)로 활동하기 시작했다.

이 책에서는 예수전도단과 YWAM의 두 가지 명칭을 함께 사용할 것인데, 별도의 설명이 없는 경우 예수전도단은 YWAM Korea를, YWAM은 국제 YWAM을 지칭한다.

1.
하나님의 음성을 듣는다고?

'못해 신앙', 하나님의 음성 듣는 삶에 입문하다

예수전도단에 발을 들여놓은 후, 말씀을 전하는 강사들이 하나같이 다음과 같은 표현을 사용하는 것에 큰 충격을 받았다.

"하나님이 말씀하셨습니다."

"하나님의 음성이 들려왔습니다."

여태껏 다니던 교회에서는 그런 말을 한 번도 들어본 적이 없었기에, 나는 고민에 빠질 수밖에 없었다.

'예수전도단은 이단이라고 하는 사람들도 있더니…, 정말 좀 이상한 데 아니야?'

그뿐이 아니었다. 누구나 방언으로 기도했으며, 기도한 후에는 꼭 이런 말을 덧붙였다.

"기도하는 중에 하나님이 말씀하셨습니다."

전통적인 장로교에서 자랐기에 방언이 뭔지도 몰랐던 나였다. 그런 내가 하나님의 음성을 듣는 '용한' 사람들 틈에 섞여 있으려니 얼마나 혼란스러웠겠는가.

나는 '교회와 학교, 집'이 인생의 전부인, 모범적인 그리스도인이었다. 모태 신앙인들이 으레 그렇듯, 나 또한 하나님의 존재를 자연스럽게 받아들이며 자랐다. 부인하려고 애를 써본 적도 있지만, 결국에는 하나님의 존재와 능력을 인정하며 돌아왔다. 식사 시간이면 자동적으로 기도하고, 주일에 교회가 아닌 다른 곳에 갔다면 일주일 내내 불안하고 찜찜했다. 그러나 나는 늘 죄짓는 못된 놈이었으며, 하나님은 늘 용서하시는 분이었다. 그래서였는지 내 마음속의 하나님은 감히 내가 기쁘게 할 수도 가까이 할 수도 없는 '산신령 같은' 분이었다.

그래서 하나님의 살아 계심과 전능하심을 믿어 의심치 않으면서도, 삶 속에서 실제로 하나님의 임재와 능력을 경험해 본 적은 거의 없었다. 나는 믿음으로 싸워야 하거나 헌신이 필요한 일이 생길 때면, "내가 그걸 어떻게 해? 난 못해!"라고 말하는 편이었다. 하나님을 믿지 못하거나 부인했던 것은 아니지만, 늘 "못해! 할 수 없어! 안 될 거야!"를 외치던 사람이었다. 이는 나뿐만이 아니라 많은 모태 신앙인의 모습일 것이다. 그래서 모태 신앙인에게 '못해 신앙' 혹은 '못된 신앙'이라는 별명이 따라붙는 모양이다.

어쨌든 이런 '못해 신앙'의 소유자였던 내가 "하나님의 음성을 들었다"고 외치는 사람들을 만났으니, 어찌 놀라지 않을 수 있었겠는가. 하나님의 음성이란 게 정말 존재하는지, 그렇다면 그 정체는 대체 무엇인지, 사람들은 대체 그분의 음성을 어떻게 듣는지, 그 음성이 자기 혼자만의 착각과 오해가 아니라는 걸 어떻게 알 수 있는지, 무엇보다도 이런 질문들의 답을 찾을 수나 있는 건지…. 나는 정말 혼란스러웠다.

하지만 가슴 한구석에서는 '나도 이 사람들처럼 하나님의 음성을 듣고 싶다. 하나님의 음성을 들었다는 믿음의 고백을 할 수 있었으면 좋겠다'는 바람이 움트고 있었다. 하나님을 늘 멀게만 느꼈는데, '이런 식으로도 하나님을 믿을 수 있구나' 하는 생각에 도전받고 부러워하게 되었다. 나와 하나님 사이에는 없지만 예수전도단 사람들과 하나님 사이에는 있었던 것, 나는 그것을 갖고 싶었다. 그것은 바로 '친밀감'이었다.

예수전도단은
하나님의 음성을 듣는 중에 시작되었다

모든 단체와 조직에는 그들만의 기본 이념과 가치 혹은 정신이 있다. 물론 YWAM에도 50년의 역사를 지나며 정리하고 다듬어 온 17가지 기본 정신(Foundation Value)이 있다. 나를 비롯한 전세계의 모든 YWAM 사역자는 이 기본 정신을 기반으로 사역하고 살아간다.

그중 첫 번째와 두 번째 기본 정신인 '하나님을 안다'와 '하나님을 알린다'는 YWAM의 기본 모토이기도 하다. 그래서 YWAM의 모든 사역은 하나님을 알고 그분을 알리는 데 초점이 맞춰져 있다. 이 일을 가능케 하는 것이 바로 세 번째 기본 정신인 '하나님의 음성을 듣는 것'이다.

예수전도단은 모든 일에 하나님의 음성을 듣고 그분의 뜻에 순종하며 살며 사역하기로 결단한 사람들의 공동체다. 예수전도단 사람들이 이렇게 살 수 있는 이유는, 영적으로 민감한 '족집게'이기 때문이 아니다. 또 하나님이 유독 우리에게만 자주 말씀하시기 때문도 아니다. 우리가 온갖 오해와 편견, 수모 속에서도 하나님의 음성 듣기를 포기하지 않는 이유는 살아 계신 하나님의 음성을 매 순간 듣고 싶어 하고, 그분과 친밀한 관계 쌓기를 뜨겁게 사모하기 때문이다. 또한 예수전도단과 YWAM은 하나님의 음성을 듣는 중에 시작되었다. 애초에 그렇게 태어났기 때문에 하나님의 음성을 듣지 않고 살아갈 재주가 없는 단체인 것이다.

예수전도단과 YWAM이 시작을 함께한 것은 아니지만, 그 시작의 모양은 똑같았다. 1960년대 초, 미국 남장로교 선교사로 한국에 온 오대원 목사와 미국의 로렌 커닝햄 목사가 각각 하나님의 음성을 듣고 순종하며 살아가던 중에 자연스럽게 만들어졌다. 또한 1980년에 두 단체가 연합한 것 또한 하나님의 음성을 듣고 순종한 결과였다. 두 분 모두 커다란 단체와 조직을 만들어 보겠다는 야망이나 성공에 대한 욕심 따위와는 거리가 먼 분들이다. 이분들이 갈망한 것은 오직 하나님과의 친밀함뿐이었다.

두 분은 지금 70대 노인이 되셨다. 그럼에도 여전히 하나님 앞에 나아가 음성 듣고 교제하기를 즐거워하신다. 삶과 사역의 모든 부분에서, 여전히 하나님의 음성 듣는 삶을 강조하고 계시다.

어느 나라든 YWAM 사역자들을 YWAMer라고 한다. 나 역시 YWAMer 중의 한 명이다. 모든 YWAMer들은 하루 일과를 시작하기 전에 하나님 앞으로 나아가 그분의 음성에 귀 기울이는 시간을 갖는다. 사람의 지식이나 재능, 조건, 경험을 의지하지 않으려면, 먼저 하나님께 의지하고 구해야 한다는 것을 잘 알기 때문이다. YWAM의 모든 사역은 하나님의 음성과 인도하심을 따라 이루어졌다. 사람이 결정하고 계획해서 만들어진 것은 아무것도 없다. 새로운 지부와 사역을 개척하고 일으키는 것 또한 하나님의 음성을 들은 누군가의 헌신과 대가 지불에서 시작된다.

그래서 YWAM의 의사 결정 과정은 다른 단체나 조직들과 많이 다르다. 아이디어를 제안하고 각자의 생각을 충분하게 논의하는 과정이 있기는 하지만, 개인과 팀, 공동체 전체가 하나님의 음성을 듣는 시간이 반드시 들어간다. 그 후 사역을 추진하는 과정에서도 하나님 앞에 나아가 묻고 귀 기울이는 시간은 빠지지 않는다. 어려움에 부딪히면, 모두 일손을 멈추고 하나님께 전적으로 의지한다. 언어와 문화, 성향이 서로 다른 전세계 YWAMer들이 하나 될 수 있었던 것은, 매 순간 하나님의 음성 듣는 삶을 우리의 영적 기반으로 삼았기 때문이라고 할 수 있다.

도대체 하나님의 음성이란 무엇인가?

예수전도단은 하나님의 음성만 듣고 살겠다는 고집으로 50년의 세월을 우직하게 달려왔다. 하나님의 음성이라는 게 설명하기는 어렵고 오해하기는 쉽기 때문에, 색안경을 쓰고 우리를 바라보는 그리스도인과 교회가 참 많았다.

내가 예수전도단의 모임에 처음 참석하고 DTS(Discipleship Training School, 예수제자훈련학교)를 받은 지도 30년이 지났다. 오랫동안 예수전도단에 몸담으면서 사람들이 색안경을 끼고 우리 단체를 바라보는 이유를 두 가지 발견하게 되었다. 첫째로 우리 단체의 이름이 '전도관' 혹은 '땅끝 예수전도단'이라는 이단을 떠올리게 한다는 것이었고, 둘째로는 '하나님의 음성을 듣는' 것 때문이었다. 실제로 불과 20년 전까지만 해도 예수전도단은 '하나님께 직통계시를 받는 점쟁이 집단'이나 '지나친 신비주의자들'로 취급받았다.

정말 말도 많고 탈도 많은, 하지만 모른 척하고 덮어 버릴 수는 없는 '하나님의 음성'이란 대체 무엇일까?

예수전도단은 국내외 전도여행을 자주 다닌다. 이 또한 어느 곳으로 가서 복음을 전해야 하는지 하나님께 묻고 그분의 음성은 들은 후에 떠난다. 그리고 그 지역의 교회를 찾아가서는 담임 목회자에게 이렇게 부탁한다.

"저희는 예수전도단이라는 선교단체의 전도여행 팀입니다. 이 지역에서 복음을 전하려고 하는데, 결신자가 생기면 이 교회로 인도해 드리고 싶습니다. 그동안 이 교회에서 숙식할 수 있게 해주시겠습니까?"

그러면 대부분의 목회자는 우리를 따뜻하게 맞이해 주신다. 그런데 그만 우리가 그곳까지 가게 된 연유를 밝히면, 곤란한 일이 자주 벌어졌다. 우리가 "하나님이 이곳으로 가라고 말씀하셔서 왔습니다" 혹은 "하나님의 음성을 듣고 찾아왔습니다" 하고 말하면, 많은 목회자가 당황했다. 심지어 팀을 거부하는 일도 빈번하게 일어났다.

"정말 하나님의 음성을 들었다고요?"

"당신들이 모세요, 아니면 엘리야요? 당신들이 그렇게 신령하단 말이오?"

"보아하니 신학을 배운 사람들도 아닌 것 같은데…."

"지도하는 목회자는 없소?"

왜 그런 반응을 보이는 것일까? 그것은 바로 '하나님의 음성을 듣는다'는 표현에 대한 사람들의 관점이 서로 다르기 때문이다. 특히, 신학을 배운 사람과 배우지 않은 사람은 이 표현을 전혀 다르게 해석한다. 초창기 때 예수전도단이 오해를 많이 받은 것도 모두 이 때문이다. 따라서 '하나님의 음성을 듣는다'라는 말을 바르게 이해하려면, 신학적(神學的) 관점과 신앙적(信仰的) 관점으로 구분해서 바라볼 필요가 있다.

하나님의 음성은 신학적 논의의 대상이 아니다

하나님의 음성을 듣는다는 것을 신학적으로 어떻게 설명할 수 있을까?

모든 학문은 '논리성'을 전제로 한다. 여기서 논리성이란 무엇일까? 수학 공식으로 설명하자면 'A=B이고 B=C이며, C=D다. 그러므로 A=C이며, A=D다'라는 것이다. 논리적 인과관계가 성립해야 모든 과정이 합리적으로 딱 맞아 들어가면서 결론에 이를 수 있다. 우리는 그렇게 논리적으로 정리되는 것에만 '학문'이라는 칭호를 붙인다. 그런데 만약 중간 단계를 임의로 빼 버리면 어떻게 될까? 이를 테면 'A=B이고 C=D다. 그러므로 A=C이며, A=D다' 같은 것이다. 이러한 논리적인 비약은 결코 학문으로 인정받지 못한다.

논리성 말고도 학문이 갖추어야 할 것은 '객관적 대상'이다. 어학은 언어를 연구하고 수학은 숫자를 연구하며 과학은 삼라만상의 이치와 법칙을 연구한다. 그렇다면 신학은 어떨까? '신'(神), 즉 하나님을 연구하는 학문인 셈이다. 그러나 신학에는 태생적인 한계가 있다. 바로 하나님을 인간 논리의 틀 속에 다 집어넣을 수 없다는 것이다. 온 우주를 말씀으로 지으신 창조주 하나님을, 어떻게 피조물의 지성과 논리로 다 설명할 수 있겠는가. 만일 그럴 수 있다면, 결코 그분을 절대적인 주권자라고 할 수 없을 것이다.

'그렇다면 신학은 필요 없다는 것인가?'라고 묻는 사람이 있을지도 모르겠다. 그렇지는 않다. 신학은 분명 신자들에게 유익을 준다. 인류의 역사 속에서 수많은 사람이 수고하며 얻었던 '지혜'와 '체계'를 제공해 주기 때문에 꼭 필요한 학문이다. 다만 내가 하고 싶은 말은, 신학이 하나님과 신앙에 대한 모든 것을 다 설명하고 증명할 수는 없다는 것이다.

학문으로서의 신학에는 논리성과 기본 전제와 단어의 정의가 매우 중요하다. 신학의 기본 전제는 '하나님의 음성과 말씀은 특별계시인 성경뿐'이라는 것이다. 이런 개념을 바탕으로 신학을 배운 사람들은 하나님의 음성을 듣는다고 하면 성경의 권위에 도전하는 것이라고 받아들인다. 그래서 예수전도단 사람들을 의심의 눈초리로 바라보았던 것이다.

신앙적인 관점에서 하나님의 음성을 바라보라

그렇다면 대체 하나님의 음성을 듣는다는 말이 무슨 뜻일까? '신학'이 아니라 '신앙'으로 받아들여야만 이 표현을 제대로 이해할 수 있다.

진정한 기독교는 종교와 삶을 구분하지 않는다. 신앙생활과 일상생활이 분리된 삶은 위선자의 이중생활일 뿐이다. 하나님은 우리가 이런 식으로 신앙생활하기를 바라지 않으신다. 우리는 모두 하나님의 빛을 이 세상에 비추는 자들로 부름 받았으며, 하나님은 우리 안에서 영광의 빛을 발하기 원하신다. 그래서 우리는 하나님의 뜻을 알아야 하는데, 이때 일어나는 '영적 깨달음의 과정'이 바로 하나님의 음성을 듣는 것이다. 이 사건은 그리스도인이 살아 계신 하나님과 교제할 때, 그 사람의 내면에서 일어나는 과정이다. 특정한 상황이나 시간에 "하나님, 이럴 땐 어떻게 해야 하나요?"라거나 "지금 저에게 무엇을 원하십니까?"라고 물을 때, 여러 가지 방법을 통해 받게 되는 응답인 것이다.

행여 하나님이 "자꾸 묻지 좀 마라. 이미 성경에 답을 다 써놓지 않았니? 그러니 답이 보일 때까지 계속 읽어라!"라고 딱 잘라 말하실까 봐 걱정된다면, 그럴 필요가 없다. 만약 하나님이 그런 분이시라면, 우리는 하나님의 응답이 필요할 때마다 창세기부터 요한계시록까지 반복해서 읽어야 할 것이다. 밥 먹을 때를 제외하고 온종일 성경만 읽는다면, 성경을 일독하는 데 약 15일 정도가 걸린다. 그렇다면 결국 하나님의 뜻을 구하는 데 최소한 15일이 걸린다는 계산이 나온다. 과연 이 계산이 맞는 걸까? 절대 아니다. 하나님의 일은 절대 '기계적 사고'로 바라볼 수 없다. 이와 같은 맥락으로, 신학이나 특정 직분 혹은 은사를 받는다고 해서 무조건 하나님의 음성을 들을 수 있는 것은 아니다.

하나님의 음성을 듣는 일은 하나님과 내가 맺은 실제적인 관계 속에서 일어나는 사건이다. 따라서 하나님의 음성은 추상적이고 관념적이지 않다. 지극히 실제적이고 실용적인 문제다. 그러니까 우리가 살아가면서 여러 문제에 부딪힐 때마다 하나님의 실제적인 인도를 즉각 받을 수 있다는 말이다. 이것이 바로 '하나님의 음성을 듣는' 것이며 하나님을 '알아 가는' 체험의 과정이다.

예수전도단 또한 66권으로 이루어진 성경이 하나님의 말씀(정경)임을 믿고 인정한다. 성경에 버금가는 권위를 가진 존재는 결코 없다. 우리 믿음의 최종 근거와 선택 기준은 반드시 하나님의 말씀인 성경이 되어야 한다. 예수전도단도 말씀에 모든 근거를 둔다. 자신이 들은 하나님의 음성이 성경말씀과 맞지 않거나 상반되면, 잘못 들었거나 원수의 속임이라 인정하고 모두 다 잊어버린다. 성경을 대신하거나 그보다 우선할 수 있는 초자연적 체험이나 신비 현상은 결코 없기 때문이다.

나는 '하나님의 음성 듣는 삶'에 대해 강의할 때에도 이 부분을 강조한다.

"공중부양이나 유체이탈을 하거나 천사의 말을 생생하게 듣는 놀라운 체험을 했다 하더라도, 그것이 성경말씀에 위배된다면 미련 없이 잊어버려야 건강한 신앙입니다."

이것이 바로 예수전도단이 가르치고 추구하는, 하나님의 음성을 듣는 삶이다. 성경말씀을 통해 하나님을 알아 가고 교제하는 가운데, 여러 가지 방법과 수단으로 인도하고 지시하시는 그분의 뜻에 따라 사는 것이다. 이런 과정에서 얻는 깨달음이 바로 '하나님의 음성'이다.

2.
하나님은
수다쟁이다

어떤 일이든 오래 경험하다 보면, 알맹이는 잃어버리고 껍데기와 형식에만 매이게 된다. 신앙생활 또한 그럴 때가 있다.

예를 들어, 사람들은 다음과 같은 것을 규명하고자 열띤 토론과 논쟁을 벌인다. '우리가 즐겨 사용하는 성령충만이라는 말과 성령세례라는 말은 같은 것인가? 다르다면, 무엇이 어떻게 다른가? 그렇다면 우리는 어느 것부터 구해야 할까?'

그러다 많은 사람이 '성령 하나님은 어떤 분인가'라는 진짜 알맹이를 소홀히 여기게 된다. 또한 어떤 사람들은 중보기도의 올바른 정의와 방법을 놓고 다투다가 정작 다른 사람을 위해 기도할 시간과 에너지를 낭비한다. '국내 전도가 먼저냐, 해외 선교가 먼저냐'를 놓고 싸우다가 결국 아무에게도 복음을 전하지 못하는 안타까운 모습도 많이 봤다.

물론 형식과 틀은 중요하다. 하지만 거기에 담길 만한 적절

한 내용이 없다면, 무슨 의미가 있겠는가.

예수전도단 또한 내용보다 형식에 얽매인 나머지 비생산적인 논쟁과 다툼을 벌일 때가 있다. 그럴 때마다 나는 이렇게 말한다. "그런 싸움은 다른 사람들에게 맡기고 우리는 근본으로 돌아갑시다!"

하나님의 음성을 듣는 일 또한 한국 교회 안에서 여전히 혼란과 오해를 불러일으키는 주제다. 물론 우리는 하나님의 음성에 대한 올바른 개념과 이론을 정립할 수 있어야 한다. 하지만 그분이 정말 원하시는 것은 개념과 이론이 아니라 인격적이고 친밀한 '진짜' 관계다.

하나님이 세상을 창조하신 이유

태초에 하나님이 천지를 창조하시니라 땅이 혼돈하고 공허하며 흑암이 깊음 위에 있고 하나님의 영은 수면 위에 운행하시니라(창 1:1-2).

이 말씀은 온 세상과 인류의 역사가 어떻게 시작되었는지 보여 준다. 이 구절에서 가장 중요한 단어는 '창조하다'와 '운행하다'이다.

'창조하다'로 번역된 히브리어 '바라'는 '명확한 목적을 세우고 그 목적에 따라 만든다'라는 의미다. 이것은 하나님이 자신의 능력과 솜씨를 뽐낸다거나 자기만족을 얻으려 이 세상을 창조하신 것이 아니라는 말이다. 충동적으로 후다닥 해치운 것이 아니라 목적과 필요에 따라 하나씩 차근차근 지으셨다는 얘기다. 왜 그렇게 하신 걸까? 하나님이 뭐가 부족해서 그렇게 애를 써 가며 세상을 만드셨다는 말인가? 누구를 위해 그런 공을 들이신 걸까? 다음 성경말씀을 보자.

> 하나님이 이르시되 우리의 형상을 따라 우리의 모양대로 우리가 사람을 만들고 그들로 바다의 물고기와 하늘의 새와 가축과 온 땅과 땅에 기는 모든 것을 다스리게 하자 하시고(창 1:26).

> 여호와 하나님이 그 사람을 이끌어 에덴동산에 두어 그것을 경작하며 지키게 하시고(창 2:15).

하나님이 그토록 수고하고 공들여 이 세상을 만드신 동기는 바로 아담과 하와, 즉 '우리' 때문이었다. 하나님은 첫 날, 첫 시간부터 사람을 염두에 두고 창조에 임하셨다. 하루에 하나씩 하늘과 땅의 것을 만들면서 '이것은 아담을 위한 거야. 이 정도면 하와도 기뻐하겠지?'라고 생각하며, 기뻐할 우리의 모습을 상상하며 즐거워하셨을 것이다.

또 한 가지 중요한 단어는 '운행하다'이다. 이 단어는 독수리가 하늘 위를 맴돌거나 헬리콥터 같은 비행체가 착륙지점을 선회할 때 쓰인다. 독수리는 먹잇감을 낚아챌 기회를 노리면서 하늘 위를 맴돈다. 창세기 기자인 모세는 왜 이런 단어를 사용하여 하나님을 설명한 것일까? 그것은 바로 하나님이 이 세상을 창조하실 때, 독수리가 온 신경을 먹잇감에 모으는 것처럼, 오랜 고민과 생각 속에서 모든 신경을 우리에게 집중하셨기 때문이다.

하나님은 전지전능하신 분이기 때문에 그분의 천지창조는 결코 힘들고 어려운 일이 아니다. 굳이 수고하지 않아도 모든 일을 간단히 처리하실 수 있는 분이다. 그럼에도 하나님은 이 세상의 입주민인 우리를 위해 오랫동안 고민하셨고, 세심하게 계획을 세우셨다. 얼마나 심혈을 기울이셨는지, 창조 작업이 끝난 일곱 번째 날에는 쉬셨다. 놀랍지 않은가? '쉬어야겠어'라고 생각하실 만큼, 하나님이 우리를 위해 수고하셨다는 사실이 말이다.

애써서 뭔가를 만든 후에 그것을 바라보며 "보기 좋다"라고 말하며 기뻐한 경험이 누구에게나 한 번쯤 있을 것이다. 내 손으로 땀 흘리며 수고해서 이뤄 냈다는 성취감 때문에 마음이 뿌듯해진다. 하나님 역시 그러하셨다. 피조물을 바라보며 짜릿함과 만족을 느끼셨다. 매우 공들인 작품이기 때문에 "좋다!"는 감탄이 절로 나왔다(창 1:10, 12, 18, 21, 31).

그런데 하나님이 이렇게 만족하실 수 있던 까닭은 작업의 완성도 때문이 아니었다. 그런 것들을 지은 목적 때문이었다.

즉, 다양하고 오묘한 피조 세계의 멋과 아름다움을 만끽하며 살아갈 아담과 하와의 모습 때문에 즐거워하셨을 거라는 이야기다.

창조 작업을 시작한 둘째 날, 하늘을 만드시면서 이렇게 생각하셨을 것이다. '아담이 이 하늘을 보면 얼마나 기뻐하고 즐거워할까?'

땅과 바다, 풀과 나무, 해와 달과 별을 만드셨을 때는 어땠을까? 그 많은 별을 우주에 일일이 박으시면서 역시나 그것을 보고 좋아할 아담과 하와의 모습을 떠올리셨을 것이다.

다섯째 날과 여섯째 날에는? 아담과 하와에게 거대한 '사파리 월드'를 선물하시려고, 흐뭇해하며 바다에는 물고기, 하늘에는 새, 땅에는 동물들을 채우셨을 것이다.

나는 우연한 기회에 아프리카의 '원조' 사파리를 체험한 적이 있다. 예쁘고 고운 색깔과 무늬를 저마다 뽐내는 새들을 보면서 "이 녀석들은 누구를 위해서 저렇게 아름다운 색깔과 무늬를 갖게 된 걸까?" 하고 궁금증을 품게 되었다.

아무리 생각해도, 깊은 밀림 속에 사는 새가 그렇게 예뻐야 할 이유가 보이지 않았다. 어떤 학자들은 종족 번식 때문이라고 주장한다. 암컷을 꾀려고 그렇게 아름다운 모습을 갖게 되었다는 것이다. 하지만 별로 수긍이 가지 않는 주장이다. 수컷이 예쁘지 않으면, 정말로 암컷이 절대 찾아가지 않을까? 아니다. 그렇더라도 나름대로 짝짓기를 했을 것이다.

그렇다면, 오지에 서식하는 새들마저도 그렇게 아름다운 이유는 무엇이란 말인가? 나는 그 이유는, 바로 그것들이 우리를 위해 창조되었기 때문이라고 생각한다.

하나님이 사람을 창조하신 이유

이제 우리의 모습을 보자. 맨 마지막에 창조된 인간은 '제작 방식'은 물론 '사양'까지 이전의 피조물들과 매우 달랐다.

> 여호와 하나님이 땅의 흙으로 사람을 지으시고 생기를 그 코에 불어넣으시니 사람이 생령이 되니라(창 2:7).

다른 피조물을 만드실 때처럼 말씀으로 만드신 게 아니라 직접 손으로 빚고 생기를 불어 넣으셨다. 또한 하나님의 형상과 모양을 본 따 만드셨다(창 1:26). 우리는 삼위일체 하나님의 형상을 따라 만들어졌다. 외적인 모습이 그렇다는 게 아니라 하나님의 성품, 삼위일체 하나님의 연합과 사랑, 교제, 친밀함 등을 닮았다는 뜻이다.

'삼위일체'는 하나님의 신비다. 따라서 인간의 이성과 논리로는 완벽하게 설명할 수 없지만, 나는 이렇게 설명하고 싶다. "삼위일체는 완벽한 사귐과 온전한 사랑의 관계다."

우리가 하나님의 형상으로 창조되었다는 것은, 삼위일체 하나님처럼 사귀고 사랑하는 것이 가능하다는 의미다. 하나님과 인간, 그리고 인간들 사이에서 그런 관계를 맺도록 '특별 제작' 되었다는 얘기다. 하지만 많은 사람이 하나님과 아담의 사이를 사장과 직원의 관계로 생각하는 듯하다. 마치 다음과 같다.

천지창조를 마치신 하나님이 아담을 불러 말씀하신다.
"이제부터 이 세계는 네가 맡아라. 난 피곤해서 좀 쉬어야겠다. 나 없다고 농땡이 치거나 게으름 피면 알지? 나무 한 그루, 풀 한 포기까지 이미 수량을 다 파악했으니까 관리 잘하고. 아, 임신한 동물들은 잘 돌보다가 새끼 낳을 때 잘 받아라. 땡땡이치지 말고!"
하나님은 말씀이 끝나자마자, 뒤도 안 돌아보고 하늘로 올라가 버리신다. 그러고는 에덴동산에 설치해 둔 CCTV를 통해 아담을 감시하신다. 하나님의 일방적인 '노예 계약'에 이렇게 당해 버린 아담은 드넓은 에덴동산을 누비며 쉴 새 없이 일할 수밖에 없었다.

정말 그랬을까? 말도 안 된다.
성경을 보면, 하나님은 에덴동산에서 늘 아담과 함께 계셨다. 아마 에덴동산 소개는 물론 동산 관광 안내도 하나님이 직접 다 하셨을 것이다. 아담은 성부, 성자, 성령 하나님과 깊고 친밀한 관계를 맺고 있었을 것이다.
하루는 하나님이 모든 동물을 아담에게 데려오셨다. 동물들의 이름을 지어 주라는 뜻이었다. "여호와 하나님이 흙으로 각종 들짐승과 공중의 각종 새를 지으시고 아담이 무엇이라고 부르나 보시려고 그것들을 그에게로 이끌어 가시니 아담이 각 생물을 부르는 것이 곧 그 이름이 되었더라"(창 2:19). 하나님은 아담이 동물들의 이름을 어떻게 지을지 몹시 궁금하셨다.

이윽고 한 동물이 아담 앞에 섰다. 코에 아주 커다란 뿔이 달린 녀석이었다. 그 동물을 찬찬히 살펴보던 아담이 하나님께 이렇게 외치며 엄지를 들어 보인다.

"하나님! 어떻게 이런 동물을 만드셨어요? 코에 뿔을 달다니, 정말 기찬 아이디어예요! 정말 대단하세요!"

그러고는 코에 뿔이 달렸으니 '코뿔소'라고 이름 짓는다. 그 모습이 너무 기쁘고 대견했던 하나님 아버지는 박장대소하며 이렇게 말씀하신다.

"그래. 네 말대로, 이제 그 녀석을 코뿔소라고 부르자꾸나. 넌 대체 누굴 닮아 이렇게 똑똑한 거니. 관찰력이 대단해. 정말 멋지구나."

하나님과 아담의 '작명 놀이'는 즐겁고 기쁘게 몇 개월이나 이어졌을 것이다. 이는 어디까지나 내 개인적인 상상이긴 하지만, 분명히 하나님과 아담의 관계는 이 정도로 친밀하고 깊었을 것이다. 그래서 아담은 하나님과 교제하는 시간을 지루해하거나 외로워하지 않았다. 결코 "하나님이랑은 코드가 안 맞아서 같이 못 놀겠어요"라든지 "하나님, 저 외로워요"라고 말한 적이 없었다. "저 같은 인간 하나만 더 만들어 주세요. 저도 저만의 친구가 필요해요!"라고 요구할 필요도 전혀 느끼지 못했다. 오히려 하나님이 아담에게 인간과의 사귐이 필요하겠다고 생각하셔서, 아담이 잠든 사이에 그의 갈비뼈 하나를 취해 '하와'를 만드셨다. 그때부터 아담과 하와는 늘 붙어 다니며 사귀고 교제했을 것이다. 아담은 삼위일체 하나님과 맺었던 사귐을 하와와도 맺었을 것이다.

그런데 삼위일체 하나님과 아담, 그리고 아담과 하와 사이에서 일어난 모든 사귐과 관계의 기반은 무엇이었을까? 그것은 바로 대화, 즉 '커뮤니케이션'이었다. 모든 관계가 서로 듣고 말할 수 있는 쌍방향 대화 위에서 만들어졌다. 수다 떨기의 고수이신 삼위일체 하나님은 함께 수다 떨 수 있는 아담을 만드셨고, 아담과 수다를 떨어 줄 하와를 만드셨다. 그리고 늘 모두 함께 모여 수다를 떨었을 것이다.

내 생각에 에덴동산은 절대 고요하고 조용한 곳이 아니었을 것 같다. 오히려 시끌벅적하고 왁자지껄하지만 정겹고 따뜻한 수다가 펼쳐지는, 동네 사랑방 같았을 거라고 생각한다. 다음의 성경말씀을 보자.

> 태초에 말씀이 계시니라 이 말씀이 하나님과 함께 계셨으니 이 말씀은 곧 하나님이시니라(요 1:1).

하나님은 말씀 그 자체이신 분이다. 이것은 그분이 쉬지 않고 끊임없이 말씀하시는 분이라는 것을 입증해 주는 구절이다. 하나님의 음성을 듣는 데 가장 기본적인 전제가 있다면, 바로 이 말씀일 것이다. 하나님은 우리가 그분과 함께 수다 떨며 사귀도록 창조하셨다. 즉, 하나님의 음성을 듣는 것은 아주 오래 전, 창조 이전부터 계획된 일인 것이다.

함께 수다 떨려면 격이 맞아야 한다

예수님은 이 땅에 인간의 모습으로 오셨다. 그분이 이 땅에서 행하신 멋진 일 중 하나는 우리의 '신분을 바꾸신' 것이다.

> 이제부터는 너희를 종이라 하지 아니하리니 종은 주인의 하는 것을 알지 못함이라 너희를 친구라 하였노니 내가 내 아버지께 들은 것을 다 너희에게 알게 하였음이니라(요 15:15).

예수님은 '종'이었던 우리의 신분을 '친구'로 바꿔 주셨다. 이 일은 예수님이 십자가에 달리시기도 전에 일어났다. 왜 그러셨을까? 뭐가 그리 급하셨던 걸까? 하나님 아버지의 말씀을 우리에게 모두 전해 주고 싶었기 때문이었다.

예수님이 이 땅에 오셨을 때, 인간에게는 문제가 있었다. 오래된 형식주의와 율법적인 종교생활로 말미암아 이스라엘 민족 대부분의 머릿속에 '하나님은 주인, 자신들은 종'으로 여기는 잘못된 사고가 박혀 있었다. 물론 예수님의 제자들도 예외는 아니었다.

종은 주인에게 거의 질문을 하지 않는다. 주인 역시 종에게 그 어떤 설명도 하지 않는다. 종은 그저 명령을 받고 순종해야 하기 때문이다. 종은 주인의 부분적인 필요만 전달받을 뿐, 주인의 원하는 바와 전체적인 계획에 대해서는 알 수도, 알 필요도 없다.

하지만 하나님은 우리와 수다 떨고 싶어 하시며, 그분의 뜻과 생각, 마음, 계획을 전부 나누기 원하신다. 그래서 예수님은 종이었던 우리의 신분을 친구로 급히 상향조정하셨다. 종과 달리 친구는 듣고 질문하고 대화할 수 있다. 서로 의견을 충분히 나눌 수 있을 뿐만 아니라 때로는 갈등하고 싸울 수도 있는 '열린' 관계다. 또한 상대방의 생각과 추구하려는 바를 잘 안다.

예수님은 하나님이 말씀하신 바를 모두 전하시려고 우리를 친구 삼으셨다. 그렇다면 우리는 그분이 전하시는 하나님의 말씀을 어떻게 받을 수 있을까? 들어야 한다. 예수님처럼 하나님께 들어야 한다. 들을 뿐만 아니라 친구로서 대화하고, 마음속 깊은 비밀까지 나눌 수 있어야 한다. 예수님이 하나님의 뜻과 계획을 우리에게 얼마나 설명해 주고 싶어 하시는지, 우리는 알아야 한다. 우리가 멀리 떨어진 친구를 애타게 보고 싶어 하듯, 주님은 우리와 만나 수다 떨기 원하신다.

의지할 만한 친구가 누구에게나 한 명쯤은 있을 것이다. 힘들고 어려울 때 만나고 싶고, 새로운 일을 시작할 때는 함께 의논하며 격려받고 싶은 친구 말이다. 이런 바람과 필요는 우리가 약하고 부족하기 때문에 생긴다.

하지만 예수님은 우리와 완전히 다르시다. 예수님은 우리가 약하고 부족하기 때문에 우리를 친구 삼고 싶어 하신다. 성자 하나님이신 예수 그리스도가 '약점 덩어리'인 우리를 친구 삼아 주신다는 사실은 참으로 놀랍기만 하다.

내 양은 나와 수다 떨 수 있다!

우리는 누구나 하나님과 친구 관계를 맺을 수 있다. 그러나 많은 사람이 하나님의 음성에 대해 여러 가지로 오해한다. 그중 가장 심각하고 위험한 오해는, 영적 슈퍼맨이나 은사주의자만이 하나님의 음성을 들을 수 있다고 생각하는 것이다.

> 그러므로 믿음은 들음에서 나며 들음은 그리스도의 말씀으로 말미암았느니라(롬 10:17).

믿음은 들을 때 주어진다. 그런데 듣는 것에는 두 가지 형태가 있다.

어느 날, 예수님은 제자들과 함께 유대인들이 지나가기 싫어하는 사마리아 지역으로 들어가신다. 그리고 남들이 없는 대낮, 수가 성 근처의 우물에 물을 길러 나온 사마리아 여인을 만나신다. 예수님은 그 여인에게, 그분이 메시아이심을 먼저 알려 주신다.

전설 속의 메시아를 직접 만난 사마리아 여인은 곧바로 마을 사람들에게 달려가 자신이 메시아를 만났다는 사실을 전했다. 이에 곧 많은 사마리아인이 예수님 앞에 나아와 믿음을 고백하게 되었다. "여자의 말이 내가 행한 모든 것을 그가 내게 말하였다 증거하므로 그 동네 중에 많은 사마리아인이 예수를 믿는지라"(요 4:39).

사람들이 예수님을 믿게 된 까닭은 주님을 먼저 만난 여인의 말을 들었기 때문이다. 여인의 말을 듣고 예수님이 메시아이심을 믿게 된 것이다. 이것은 '간접적으로 듣고' 믿음이 생겨난 경우다.

그 후, 수가 성의 사마리아인들은 예수님을 동네로 초청하여 이틀 동안 부흥 집회를 연다. 이 땅에 사람의 몸으로 오신 하나님의 말씀을 곁에서 '직접 듣게' 된 것이다. 그래서 수가 성의 사마리아인들은 우물가에서 주님을 만났던 여인에게 "이제 우리가 믿는 것은 네 말을 인함이 아니니 이는 우리가 친히 듣고 그가 참으로 세상의 구주신 줄 앎이라 하였더라"(요 4:42)라고 고백한다.

간접적으로든 직접적으로든 그들이 들은 내용은 똑같았다. 하지만 '과정'은 달랐다. 하나는 남의 눈과 귀와 입을 통해 들었고, 다른 하나는 직접 예수님을 통해 들었다.

당신은 예수님이 어떤 방식으로 말씀해 주시기를 원하는가? 간접적으로 듣고 믿는 것과 직접 듣고 믿는 것 중에서 어느 쪽을 선택하겠는가? 당연히 직접 듣는 쪽이 아닌가? 그런데도 여전히 하나님의 음성을 듣는 것은 일부 사람만의 은사가 아니라는 사실, 음성은 모든 그리스도인에게 약속된 특권이라는 진리를 받아들이지 않을 것인가? 예수님은 이렇게 말씀하신다.

> 내 양은 내 음성을 들으며 나는 그들을 알며 그들은 나를 따르느니라(요 10:27).

이 말씀에는 특별한 신학적 해석이나 신령한 계시가 필요하지 않다. 예수님이 우리 목자시라는 것, 목자는 양을 부르고 양은 목자의 음성을 듣는다는 것만 받아들이면 된다. 예수 그리스도를 구주로 믿어 하나님과 화목해진 사람은 누구나 즉시 그분의 양이 된다. 그리고 하나님의 음성을 들을 수 있다. 예수님은 "내 양은 내 음성을 듣는다!"라고 분명하게 말씀하셨다. 예수님은 이 말을 하실 때, '내 대장' 양이나 '내 대표' 양, '내 착한 양' 같은 특정 수식어를 붙이시지 않았다. 예수님의 양이라면 누구나 그분의 음성을 들을 수 있다는 얘기다.

> 그는 우리의 하나님이시요 우리는 그가 기르시는 백성이며 그의 손이 돌보시는 양이기 때문이라 너희가 오늘 그의 음성을 듣거든 (시 95:7).

 이 말씀에도 '신령한' 양이나 '거룩한' 양, '헌신된' 양 같은 특정 수식어가 따라붙지 않는다. 하나님의 음성을 들으며 그분을 알아 가고 교제하는 것은 몇몇 특별한 사람만의 특권이 아니다. 하나님은 우리를 '무리 중 하나'가 아니라 '전부'로 바라보신다. 한 사람, 한 사람을 귀하게 여기신다. 그리고 지위고하, 남녀노소, 빈부여하를 막론하고 모든 그리스도인에게 찾아가 그 음성 들려주기를 원하신다.
 어떠한 혼란과 갈등이 찾아와도 '하나님은 내 목자시고 나는 그분의 양이며, 양은 목자의 음성을 듣는다'는 진리를 절대로 의심하지 마라. 이 진리에 늘 믿음으로 '아멘'을 외칠 수 있다면, 누구나 직접 하나님의 음성을 들을 수 있다.
 주님은 오늘도 살아 계셔서 '친히' 우리에게 말씀하신다. 우리는 그분의 음성을 들을 수 있다. 다른 누구를 통해서가 아니라 주님에게서 직접 들을 수 있다!

3.
당신도 하나님의 음성을 들을 수 있다

오래전, YWAM 설립자인 로렌 커닝햄 목사님이 우리나라에서 한 달 동안 전국 순회 집회를 하신 적이 있었다. 그때 나는 로렌 목사님의 보좌역을 맡았기 때문에, 한 달 내내 그분과 동행했다.

평소에 나는 로렌 목사님이 20대 청년일 때부터 70대 노인이 된 지금까지 줄곧 하나님 손에 크게 쓰임 받을 수 있었던 비결은 무엇일지 궁금해하고 있었다. 그래서 그분을 곁에서 모시는 동안 그 답을 찾아볼 요량이었다. 한 달의 일정을 함께 보낸 후 내가 내린 결론은 하나였다.

"로렌 커닝햄은 언제나 하나님의 음성을 들으며 산다."

로렌 목사님은 언제나 어린아이처럼 하나님께 묻고 그분의 음성에 순종하는 사람이었다. 이것이 바로 하나님이 로렌 목사님을 크게 쓰시는 이유였다.

어느 날 집회를 마친 후, 차를 마시며 쉬고 계시던 로렌 목사님께 이런 질문을 했다.

"목사님, 평생 전세계의 모든 나라를 방문하며 사역하셨는데, 이 정도면 충분하지 않으십니까? 이제 연세도 많으시고, 미국인 신분으로 여행하기 위험한 지역들이 늘어나고 있는데요. 걱정되지 않으십니까?"

그러자 로렌 목사님은 진지한 눈빛으로 이렇게 말씀하셨다.

"희곤 형제, 나는 하나님의 말씀을 한 번도 어겨 본 적이 없네. 아무리 위험하고 두려운 일이라 해도, 하나님이 말씀하신 일이라면 무엇이든 순종할 거라네."

시간이 많이 흘렀지만, 그때 그분의 표정과 목소리는 아직도 잊히지 않는다.

로렌 목사님과 동갑내기인, 예수전도단 설립자 오대원 목사님 또한 하나님의 음성에 민감한 분이다. 언제 어디서든 먼저 하나님 앞에 나아가 묻고 들은 후에 하루를 시작하신다. 그래서 오 목사님은 중대한 결정을 앞둔 사람들을 만날 때면 자주 이렇게 말씀하신다.

"하나님께 물어보세요."

"하나님이 뭐라고 말씀하시는지 들어보세요."

YWAM 동아시아 지역 책임자인 홍성건 목사님도 내게 예수전도단 대표직을 넘겨주면서 이렇게 충고하셨다.

"희곤 형제, 하나님 앞에 나아가 그분과 교제하며 대화하는 일이야말로 대표로서의 성패를 결정할 거야!"

이 세 분만이 아니다. 신앙의 깊이가 남다른 사람들, 영성과 성품, 능력을 인정받아 리더로 세워진 사람들, 영적인 스승으로서 기름부음 있는 사역을 펼치는 사람들을 가만히 살펴보면, 거의 대부분이 하나님의 음성을 듣고 대화하며 살아간다. 그런 모습을 볼 때마다 나는 크게 도전받는다. '저렇게 대단한 사람들조차 하나님께 묻고 그 말씀에 따라 사역하며 살아가는데, 그보다 한참 모자란 내가 어찌 하나님의 음성을 듣지 않고 살아갈 수 있을까?'

당신은 어떤가? 당신은 하나님의 음성을 들으며 살아가는가? 그렇지 않다면, 그 이유는 무엇인가? 아마 어떻게 들어야 하는지 모르는 사람도 있을 테고, 하나님의 음성에 대한 편견과 선입관 때문에 듣지 못하는 사람도 있을 것이다.

모든 사람은 누군가의 음성을 들으며 살아간다

하나님의 음성을 듣는 삶은 '하나님이 어떤 분이신가'로부터 출발한다.

'하나님은 우리 삶에 얼마나 관심을 갖고 계실까?'
'하나님은 정말 우리에게 말씀하실까?'
'말씀하신다면, 얼마만큼 말씀하실까?'

우리는 이 질문들에 대한 답을 성경에서 발견할 수 있다. 자신의 백성에게 다양한 방법으로 말씀하시는 하나님을 증거하는 부분은 성경에 셀 수 없이 많이 나온다.

하나님은 그 본질상 우리에게 말씀하실 수밖에 없다. 목자이신 주님은 자신의 양들을 부르고 인도하려 말씀하신다(시 23; 요 10:11). 뿐만 아니다. 하나님은 새벽부터 부지런히 말씀하시는 분이다.

여호와의 말씀이니라 이제 너희가 그 모든 일을 행하였으며 내가 너희에게 말하되 새벽부터 부지런히 말하여도 듣지 아니하였고 너희를 불러도 대답하지 아니하였느니라(렘 7:13).

레갑의 아들 요나답이 그의 자손에게 포도주를 마시지 말라 한 그 명령은 실행되도다 그들은 그 선조의 명령을 순종하여 오늘까지 마시지 아니하거늘 내가 너희에게 말하고 끊임없이 말하여도 너희는 내게 순종하지 아니하도다(렘 35:14).

또한 시편은 하나님이 졸지도, 주무시지도 않으신다고 말한다(시 121:4). 주무시지 않는다면, 무슨 일을 하며 시간을 보내실까? 그분은 쉬지 않고 부지런히 우리에게 말씀하신다. 그러나 문제는 우리가 그 말씀을 듣지 않는다는 것이다.

우리는 모두 부모와 가족, 스승, 친구, 교인, 저자 등의 사람들과 여러 형태로 다양한 메시지를 주고받으며 살아간다. 이 세상에 가득 차 있는 소리 중에는 눈과 귀뿐만 아니라 마음으로 들을 수 있는 것들이 많다. 그런 것들은 '떠오르는 생각'이나 '내적 음성'의 형태로 우리 마음속에 들려온다. 우리는 이런 소리들을 과거에도 들었고 지금도 듣고 있으며 미래에도 듣게 될 것이다.

이러한 소리들은 우리의 선택과 행동에 영향을 미친다. 이는 '누구의 음성인가'를 기준 삼아 '하나님의 음성'과 '하나님의 음성이 아닌' 두 그룹으로 분류할 수 있다. 원하든 원하지 않든, 우리는 하나님의 음성과 하나님의 음성이 아닌 소리들을 동시에 경험하며 살아간다. 심지어 스스로 똑같이 생각해서 결정한 것이라 해도, 어떤 것은 하나님의 음성일 수 있고 어떤 것은 하나님의 음성이 아닐 수 있다.

그러므로 우리가 진짜로 고민해야 할 것은 '하나님의 음성을 들어야 하는가?'에 있지 않다. 바로 '누구의 음성을 들으며 살 것인가?'에 있는 것이다.

문제는 '듣느냐 안 듣느냐'가 아니라 '수용이냐 거부냐'다

하나님의 음성에 대한 사람들의 반응은, 전적으로 그 사람이 이를 어떻게 정의하느냐에 따라 달라진다. 체험과 감성을 중요하게 생각하는 사람은 비교적 수용적인 태도를 취한다. 이와는 반대로 진리와 교리를 강조하는 사람은 배타적인 태도를 취한다. 한국 교회는 어떤 용어가 주는 느낌과 해석, 그에 대한 신학적 견해에 민감하다. 따라서 '하나님의 음성을 듣는다'는 말은, '듣느냐 안 듣느냐'라는 선택이 아니라 '받아들일 수 있느냐 거부해야 하느냐'라는 차원에서 논의될 수밖에 없다.

지도자가 '하나님의 음성'이라는 표현을 즐겨 사용하는 교회들은 대부분 이 말을 곧잘 받아들인다. 이런 교회의 지도자들은 대부분 예수전도단 같은 선교단체에서 활동해 봤거나 그런 단체의 훈련과 세미나에 참석해 본 경험이 있는 이들이다. 제자 훈련과 양육 프로그램을 많이 경험해 봤으며, 진리의 적용에 관심이 많다. 성경말씀을 삶에 적용하는 '생활 신앙'의 추구에 최우선순위를 둔다.

하지만 그런 경험이 없는 사람들은 하나님의 음성이라는 말에 거부감을 보인다. 대부분 신학적 관점에서 혼란을 느낀다. 신학교는 오직 성경만이 하나님의 말씀이라고 가르치기 때문이다. 신학 교육을 받은 사람들은 '하나님의 음성을 듣는다'라고 하면, 마치 또 다른 하나님의 말씀이 있음을 주장하는 것으로 해석한다. 그들은 신비주의를 경계하고 초자연적인 것을 부담스러워하기 때문에 본인 스스로도 그런 표현을 사용하지 않으려 주의한다. 또한 이런 사람들 중에는, 하나님의 음성을 들었다고 하면서 영적 권위를 오용하고 남용한 사람들 때문에 상처받고 피해 입은 이들도 많다.

하나님의 음성을 수용하는 쪽이든 거부하는 쪽이든, 하나님과 우리 사이에 '관계'가 존재한다는 점에는 모두 동의할 것이다. 하나님이 인간을 창조하셨을 뿐만 아니라 인간과 교제하고 대화하신다는 사실은 누구나 다 안다. 하나님의 음성에 대한 논의는 바로 여기에서 출발해야 한다.

하나님은 아담과 하와를 창조하셨고, 그들과 대화하셨다. 또한 성경에는 하나님의 뜻과 말씀에 갈급해 하는 개인과 공동체가 수없이 등장한다. 하나님의 음성이란 하나님과 사람 사이의 사귐과 교제임을 생각한다면, 누구나 하나님의 음성을 들을 수 있고, 사실은 이미 누구나 들으며 살고 있음을 이해하게 될 것이다.

하나님의 음성에 대한 오해

예전과 달리 요즘에는 하나님의 음성에 대한 설교와 세미나, 책을 많이 접할 수 있다. 그럼에도 여전히 하나님의 음성을 잘못 이해하는 사람들이 많다. 아무리 훈련을 많이 받고 뛰어난 강사의 메시지를 듣더라도 그 마음에 품은 잘못된 생각을 버리지 않는다면, 지식은 늘어날지언정 삶은 변하지 않는다.

이 시대의 한국 교회를 비꼬는 말 중에 '교인은 넘치는데, 성도는 드물다'는 얘기가 있다. 주일예배에 정기적으로 참석하는 사람은 많지만, 살아 계신 하나님과의 친밀한 관계 속에서 그리스도의 참 생명을 충만히 공급받는 사람은 적다는 것이다. 요즘처럼 하나님과 친밀한 관계를 강조하는 때도 없었건만, 실제로 그런 관계를 경험하는 사람은 여전히 드문 것이 한국 교회의 현실이다. 대체 왜 그럴까? 나는 하나님의 음성에 대한 오해와 잘못된 선입관 때문이라고 감히 말하고 싶다.

사람과 사람이 친밀한 관계를 형성하려면, 깊이 있는 대화를 나누어야 한다. 하나님과 우리의 관계도 그렇다. 어떤 대중가요의 제목처럼, 하나님과 우리 사이에는 '대화가 필요하다.'

그러나 많은 사람이 하나님과 대화하지 않는다. 어떤 이들은 대화할 생각조차 못한다. 대화도 하지 않는데, 어찌 그분의 뜻과 마음을 나눌 수 있겠는가. 그분의 뜻과 마음을 모르면, 속사람이 변하지도 않고 신앙생활을 생기 있게 유지하지 못한다. 선한 영향력으로 세상을 바꾸기란 더더욱 불가능하다. 그러니 교인은 많고 성도는 드물다는 소리가 나오는 것이다. 이처럼 하나님의 음성에 대한 오해는 교회를 무기력하게 만들고, 형식적인 신앙생활을 조장한다.

나는 예수전도단에서 하나님의 음성에 대해 오랫동안 가르치면서, 사람들이 음성에 대해 갖고 있는 오해를 몇 가지 발견할 수 있었다. 그중에서 대표적인 것들을 소개하고자 한다. 이것을 나누는 이유는 하나님의 음성에 대한 오해를 고발하려는 것이 아니라, 누구나 그분의 음성을 들을 수 있다는 것을 보여 주기 위해서다.

신령해야 들을 수 있다?

성도들은 자주 이렇게 말한다.

"제 기도가 부족해서 하나님의 음성이 안 들리는 것 같아요."
"영성이 부족해서 하나님의 음성을 못 듣는 것 같습니다."

정말 그럴까? 신령하고 거룩한 행동을 해야 하나님의 음성을 잘 들을 수 있을까? 아니다. 꼭 그런 것은 아니다. 결론부터 말하자면, 하나님은 신령한 사람에게만 말씀하지 않으신다.

'성숙한 신앙'의 기준은 사람마다 제각각이다. 그런데 자기가 세워 놓은 성숙의 기준을 뛰어넘을 수 있는 사람은 아무도 없다. 그래서 사람들은 늘 '내 신앙은 아직도 미성숙하다'라고 부정적으로 생각하며, 스스로 정죄한다.

사도 바울은 우리에게 이렇게 묻는다.

너희에게 성령을 주시고 너희 가운데서 능력을 행하시는 이의 일이 율법의 행위에서냐 혹은 듣고 믿음에서냐(갈 3:5).

어느 누구도 율법을 모두 지키며 살 수 없기 때문에 하나님은 우리에게 복음을 주셨다. 그런데도 많은 사람이 '그래도 어느 정도는 지켜야 주님이 말씀하실 거야'라고 생각한다. '가끔 기도하는 내게 말씀하실 리가 없어'라고 스스로 단정 짓는다.

하나님은 정말 그런 분이실까? 죄지은 인간에게는 아무런 말씀도 하지 않으시는 걸까? 정말 그렇다면, 아담과 하와는 선악과를 따먹은 이후부터 하나님과 아무런 대화도 할 수 없었을 것이다. 하지만 그렇지 않았다. 하나님은 죄를 짓고 숨어 버린 아담을 찾으셨다.

> 여호와 하나님이 아담을 부르시며 그에게 이르시되 네가 어디 있느냐(창 3:9).

홧김에 동생 아벨을 때려죽인 가인에게도 말씀하셨다.

> 여호와께서 가인에게 이르시되 네 아우 아벨이 어디 있느냐 그가 이르되 내가 알지 못하나이다 내가 내 아우를 지키는 자니이까 이르시되 네가 무엇을 하였느냐 네 아우의 핏소리가 땅에서부터 내게 호소하느니라(창 4:9-10).

부하의 아내와 간통하고, 결국 그 부하를 죽게 만든 다윗에게도 선지자를 통해 말씀하셨다(삼하 12장). 성숙하고 신령한 사람이나 영적 리더, 혹은 특별한 은사를 받은 사람들만이 하나님의 음성을 듣는다는 생각은 엄청난 편견이며 오해다.

하나님은 누구에게나 말씀하신다. 듣는 사람의 조건과 상황을 초월하여 말씀하신다. 심히 타락하여 더 이상 무너질 수 없는 사람조차 구원하시기 위해 말씀하신다.

그리스도인들은 당연히 거룩하게 살아야 한다. 그러나 분명히 기억해야 할 것은, 거룩하게 살기 때문에 하나님이 말씀하시는 것은 아니라는 사실이다. 우리가 그분의 자녀이기 때문에 말씀하시는 것이다. 하나님과 매일 친밀하게 교제하는 것은 하나님의 자녀에게 주시는 특권이다.

게다가 하나님은 예수 그리스도를 아직 영접하지 않은 사람에게도 말씀하실 때가 있다. 하나님은 모든 사람에게, 언제 어디서나 말씀하시는 분이다.

큰일에 대해서만 말씀하시고 작은 일에는 관심 없으시다?
"나 같은 사람한테도 말씀하실까?"
"자꾸 물으면 귀찮아하지 않으실까?"
"아무리 그래도 일상의 사소한 것들까지 물어보면 안 될 것 같은데…."

많은 사람들은 이렇게 생각한다. 그들은 특별한 경우에만 하나님의 음성을 듣는다. 그렇게 되면, 하나님의 음성을 들을 기회는 줄어들고 만다.

큰일과 작은 일이 있을 때, 하나님은 먼저 어느 것을 말씀해 주실까? 많은 사람이 큰일이라고 답하겠지만, 정답은 '작은 일'이다. 왜냐하면 하나님은 작은 것에 충성하는 자에게 큰 것을 맡기는 분이시기 때문이다(눅 16:10).

"시시로 저를 의지하고 그 앞에 마음을 토하라"(시 62:8)는 말씀이 있다. '시시로'라는 말은 '언제나, 어떤 상황에서나'라는 뜻이다. 일의 중요도에 상관없이, 모든 상황과 일에서 하나님의 음성을 듣고 의지하라는 얘기다. 이렇게 하나님은 우리와 나누는 것이라면 아주 작은 대화까지도 기뻐하시는 분이다.

YWAM의 대표적인 지도자들 중에 조이 도우슨이란 분이 계시다. 이분은 YWAM 안에서뿐만 아니라 전세계적으로도 잘 알려진, 영적 지도자다. 이분의 책인《하나님의 음성을 듣는 삶》과《하나님을 경외하는 마음》은 한국과 미국에서 꾸준히 사랑받는 명저들이다.

나는 조이 도우슨 여사를 1982년에 처음 만났다. 한국을 방문하신 그분의 강의를 듣게 되었는데, '하나님의 음성을 듣는 삶'에 대한 것이었다. 조이 여사는 지나가는 말로 이런 얘기를 했다. 손톱에 매니큐어를 바를 때조차 하나님께 어떤 색깔을 칠하면 좋을지 물어본다는 거였다. 처음에 나는 그 말이 잘 이해되지 않았다.

'저렇게 신앙생활해도 되는 건가? 뭐 저런 것까지 묻는담? 그냥 자신이 좋아하는 색깔을 칠하면 되는 거지.'

나는 조이 여사가 한 말의 의미를 나중에서야 깨닫게 되었다. 사소한 것까지 하나님과 의논하며 함께하는 것이 삶의 방식이라는 것을 말이다.

그 후에 조이 여사는 건강이 나빠져서 침대 생활을 해야 했던 적이 있다. 심한 고통 속에서 몇 년 동안이나 꼼짝하지 못했다. 그럼에도 조이 여사는 그 시간을 잘 견뎌낼 수 있었다고 간증한다. 그것은 바로 평소 습관처럼 훈련했던, 하나님과의 친밀함 덕분이었다.

하나님의 음성을 듣는데, 손톱에 빨간 매니큐어를 칠하든 파란 매니큐어를 칠하든 무슨 상관이 있겠는가. 하지만 사소한 일로도 하나님을 기쁘시게 해 드리고, 그분과의 친밀함을 유지하려 최선을 다하는 자세는 정말 아름답다. 하나님은 이처럼 사소한 일까지 묻는 사람을 좋아하시며, 그런 사람에게 말씀하신다.

부모라면 누구나 아이들의 '꼬리에 꼬리를 무는' 질문 공세를 한 번쯤은 경험해 봤을 것이다. "엄마, 이건 뭐예요?" "아빠, 저건 왜 그래요?" "저건 또 뭐죠?" 정말 쉬지 않고 재잘댄다. 내 경우에는 화가 나서 아이에게 성질을 부릴 때가 많았다. 하나님의 음성 듣기를 꺼리는 사람들 중에는 하나님 아버지 또한 그러하실 거라고 생각하는 사람들이 있다. "야, 야, 지겹다. 그만 좀 해라. 나도 피곤하니까 좀 쉬었다 떠들어라!" 하고 말씀하실 거라고 생각하는 것이다.

하지만 걱정하지 마라. 하나님은 그런 분이 아니시다. 어떤 것을 물어도, 아무리 자주 물어도 결코 지겨워하지 않는 분이시다. 이미 모든 것을 다 아시면서도, 우리 입술을 통해 듣고 싶어 하시는 분이며, 지극히 작은 일에 대해서도 기쁘게 말씀해 주시는 분이다.

내 생각인가, 하나님의 음성인가?

하나님의 음성을 들을 때, 아마 많은 사람이 이 부분에서 가장 헷갈릴 것이다.

"이게 내 생각인가, 하나님의 음성인가?"

충분히 갈등할 수 있는 부분이다. 신앙이라는 것 자체가 보이지 않는 영적 세계와 관련된 것이고, 하나님의 음성을 듣는 일도 보이지 않는 우리의 내면에서 일어나는 일이니 말이다.

예수전도단은 중보기도를 할 때, 주의 음성을 듣고 기도하라고 가르친다. 그리고 실제로도 그렇게 한다. 그럴 때 어떤 사람은 하나님의 음성을 잘 듣고 기도하지만, 중보기도 시간이 끝날 때까지 조용히 앉아 있는 사람도 있다. 마음속에 떠오른 것이 자신의 생각인지, 하나님의 생각인지 고민하느라 한마디의 기도도 못하는 것이다. 들으라고 해서 듣기는 했는데, 다 자기 생각 같아서 확신이 안 생긴다는 것이다.

나 또한 이런 문제로 10년 이상 고민하며 답을 구했다. 하지만 가슴 후련한 대답을 들려주는 책이나 강의는 어디에도 없었다. 그래서 나는 하나님 앞에서 직접 해결해 보겠다고 결심하여 성경책 한 권만 들고 금식하며 그분께 매달렸다. 명확하게 정리할 필요가 있는 문제라면, 분명 하나님이 비슷한 경우를 성경에 기록해 놓으셨을 것 같았다. 나 같은 고민을 안고 있던 성경 인물을 찾아 연구해 보면, 답을 찾을 수 있으리란 확신과 기대하는 마음으로 성경을 읽기 시작했다.

하지만 성경에는 내 예상과는 다른 이야기만이 가득했다. "이게 제 생각입니까, 하나님 말씀입니까?"라고 묻거나 갈등한 사람이 단 한 명도 없었다.

아브라함은 어떤가? 아브라함의 고민은 자식이 생기지 않는다는 것뿐이었다. 자식을 주신다는 것이 자신의 생각인지, 하나님의 생각인지에 대해서는 전혀 갈등하지 않았다.

사무엘이 이 문제로 갈등했다고 말하는 사람도 있다. 하나님의 음성을 듣고도, 하나님이 아닌 엘리 제사장에게 달려간 일을 두고 하는 말이다. 그러나 사무엘이 그렇게 했던 이유는 하나님의 음성을 처음 들어보았기 때문이다.

모세는 어땠을까? 호렙 산에서 불붙은 떨기나무 앞에 섰을 때, 모세는 어땠는가? "이게 제 상상입니까, 하나님 음성입니까?"라고 물었던가? 그렇지 않다.

나는 정말 이 잡듯이 성경을 뒤져 봤지만, 하나님의 음성을 놓고 갈등하는 인물을 발견하지 못했다. 단 한 명도! 성경이 이런 문제를 전혀 다루지 않다니, 놀랍지 않은가? 이 문제가 영적으로 정말 중요하다면, 하나님은 반드시 이에 대한 뜻과 사례를 성경에 기록해 놓으셨을 것이다. 그러나 나는 아무런 기록도 찾을 수 없었다. 이것은 과연 무슨 의미일까? 그 일은 문제가 될 소지가 전혀 없거나 성경에서 언급할 만한 가치가 없다는 뜻이다.

우리가 성경에 기록되지 않은 것을 궁금해 한다면, 하나님이 일일이 답해 주셔야 할까? 그분에게는 그럴 의무가 없다. 하나님이시기 때문이다. 따라서 겨우 인간의 궁금증 때문에 필요 없는 부분까지 설명하고 이해시키려 하실 필요가 없다. 성경에 없는 질문까지 만들어서 고민하고, 그 때문에 온전한 신앙생활을 방해하는 우리가 오히려 어리석은 것이다.

성경을 읽는 것 외에 내가 기울인 또 다른 노력의 방편은 신학교였다. 나는 문제의 답을 찾기 위해, 예수전도단 사역을 내려놓고 신학교에 들어갔다. 신학을 배우면 답을 찾을 수 있을 것만 같았다. 그래서 성서신학을 강조하는 신학교에 들어갔다. 하지만 여전히 답은 보이지 않았다. 창세기부터 계시록에 이르기까지, 성경 어디에도 답은 나오지 않았다. 이는 곧, 성경이 '내 생각인가, 하나님의 음성인가'에 대한 고민을 전혀 인정하지 않는다는 얘기다.

그렇다면, 우리는 왜 성경에도 없는 문제로 고민하는 것일까? 나는 이것이 우리 민족의 정서와 사고에 남아 있는 '샤머니즘' 때문이라고 생각한다. 샤머니즘은 저마다 독특한 방식이 있으며, 신비주의를 추구한다(샤머니즘에 대해서는 뒤에서 더 자세히 설명하겠다). 사람들은 하나님이 말씀하시는 방법도 특별한 방식이 있을 거라고 생각한다. 따라서 하나님이 그 외의 방식으로 말씀하실 때는 헷갈려 한다. 그러나 이런 식의 접근은 결코 바람직하지 않기 때문에 성경에는 이 문제가 기록되어 있지 않은 것이다.

하나님의 음성을 들을 수 있는 특별한 방법이 있다?

많은 사람이 이렇게 생각한다. '샤머니즘 신앙에는 인간이 신적인 존재와 접촉하는 특정 방법이 있다. 그렇다면 하나님의 음성을 듣는 것은 어떨까? 하나님이 정해 주신 방법이 따로 있지 않을까?' 그래서인지 내가 하나님의 음성 듣는 법을 강의할 때 가장 많이 접하는 질문은 "당신은 하나님의 음성을 어떤 방법으로 듣습니까?"이다. 하나님의 음성에 대해 가르치는 사람이라면, '비장의 무기'를 갖고 있을 거라 기대하는 모양이었다.

처음에는 나도 그렇게 생각했다. 하나님의 음성을 '잘 들을 수 있는' 특별한 방법이 있을 거라고 말이다. 그때 나는 하나님이 환상과 꿈을 통해서만 말씀하신다고 믿었다. 그러나 하나님은 그렇게 제한된 방법으로 말씀하지 않으신다.

하나님의 음성을 '방법론적'으로 바라보면, 심히 헷갈릴 수밖에 없다. 하나님은 아주 다양한 방법으로 우리에게 말씀하시기 때문이다. 심지어 하나님은 나귀를 통해서도 말씀하신다(민 22:28-30).

'하나님의 음성'이라는 표현은 잘못되었다?

'하나님의 음성'이란 말에 거부감을 갖는 사람들은 대개 이런 불만을 드러낸다.

"하나님이 사람처럼 말씀하신다는 얘기입니까?"

"하나님이 목소리를 갖고 계시다는 말은 금시초문입니다."
"표현을 바꿔 보면 어떨까요? '하나님의 뜻을 구한다'라든지 '하나님의 인도하심을 받는다' 같은 표현으로 말이지요."
그렇다면 성경은 하나님의 음성에 대해 뭐라 말할까?

그들이 그 날 바람이 불 때 동산에 거니시는 여호와 하나님의 소리를 듣고 아담과 그의 아내가 여호와 하나님의 낯을 피하여 동산 나무 사이에 숨은지라(창 3:8).

나팔 소리가 점점 커질 때에 모세가 말한즉 하나님이 음성으로 대답하시더라(출 19:19).

여호와께서 너를 교훈하시려고 하늘에서부터 그의 음성을 네게 듣게 하시며 땅에서는 그의 큰 불을 네게 보이시고 네가 불 가운데서 나오는 그의 말씀을 듣게 하셨느니라(신 4:36).

그는 우리의 하나님이시요 우리는 그가 기르시는 백성이며 그의 손이 돌보시는 양이기 때문이라 너희가 오늘 그의 음성을 듣거든(시 95:7).

문지기는 그를 위하여 문을 열고 양은 그의 음성을 듣나니 그가 자기 양의 이름을 각각 불러 인도하여 내느니라(요 10:3).

내 양은 내 음성을 들으며 나는 그들을 알며 그들은 나를 따르느니라(요 10:27).

그가 또 이르되 우리 조상들의 하나님이 너를 택하여 너로 하여금 자기 뜻을 알게 하시며 그 의인을 보게 하시고 그 입에서 나오는 음성을 듣게 하셨으니(행 22:14).

'음성'에 대한 성경 구절이 아직도 더 필요한가? 이처럼 성경에서도 자주 사용하는 표현인데, 우리가 사용하면 문제가 될 이유가 어디 있겠는가?

'하나님이 말씀하셨다'라는 표현 역시 그렇다. 이 말은 사람들이 오해하는 것처럼, '성경의 권위에 버금가는 계시를 받았다'는 의미가 아니다. 성경이 그렇게 기록했기 때문에 사용하는 것뿐이다.

4.
하나님이 당신에게 말씀하시는 이유

영적인 삶을 살게 하려고

죽은 영혼을 살리기 위해 말씀하신다

다음의 성경말씀을 읽어 보라.

오호라 너희 모든 목마른 자들아 물로 나아오라 돈 없는 자도 오라 너희는 와서 사 먹되 돈 없이, 값없이 와서 포도주와 젖을 사라 너희가 어찌하여 양식이 아닌 것을 위하여 은을 달아 주며 배부르게 하지 못할 것을 위하여 수고하느냐 내게 듣고 들을지어다 그리하면 너희가 좋은 것을 먹을 것이며 너희 자신들이 기름진 것으로 즐거움을 얻으리라 너희는 귀를 기울이고 내게로 나아와 들으라 그리하면 너희의 영혼이 살리라 내가 너희를 위하여 영원한 언약을 맺으리니 곧 다윗에게 허락한 확실한 은혜이니라(사 55:1-3).

여기서 말하는 하나님의 음성은 '레마'(ῥῆμα)다. 객관적으로 기록된 말씀을 의미하는 '로고스'(λόγος)와 달리, 레마는 각 사람의 내면에 와 닿아 영적 생명을 공급하는 말씀을 뜻한다. 늘 읽던 성경말씀이 어느 날 갑자기 마음에 다가와 감동을 주는 경우가 이에 해당한다.

하나님의 음성 또한 레마의 말씀으로 주어질 때가 많다. 하나님이 우리에게 레마의 말씀을 주시는 이유는 무엇일까? 죽어 있는 우리 영혼을 살리기 위해서다.

당신 주변의 성도들을 둘러보라. 복음을 듣자마자 '한 방에' 회심한 사람이 몇이나 되는가? 오랫동안 죄에 대해 고민하며 구원의 길을 헤매고 있었는데 난생 처음 십자가와 부활에 대해 전해 듣고는, 그 자리에서 감격의 눈물을 흘리며 회심하는 사람들은 그리 많지 않다. 대부분 복음을 여러 번 듣고 교회도 몇 번 다니다가 회심한다. 어느 날 문득 자신이 죄인임을 깨닫고, '예수님만이 우리의 죄를 해결하실 수 있으며, 하나님과 화목하게 하신다'는 진리와 '있는 모습 그대로, 십자가 앞으로 나오라'는 도전에 마음을 열고 회개하며 예수님을 영접했을 것이다. 레마의 음성은 이러한 깨달음과 도전이다. 여기에는 죽은 영혼을 살리는 능력이 있다. 그 때문에 우리가 하나님의 음성을 들을 때, 영혼이 살아나는 것을 경험하는 것이다.

모든 그리스도인은 레마의 말씀을 통해 영적 생명이 충만해지는 것을 경험해야 한다. 하나님과의 개인적인 관계 속에서

'생생한' 레마를 경험해 본 사람만이, 종이에 기록된 지식과 정보로만 느껴지던 성경말씀을 살아 계신 하나님의 음성으로 고백할 수 있다.

우리와 교제하려고 말씀하신다

하나님이 우리에게 가장 바라시는 것은 무엇일까? 예배? 헌금? 거룩함? 헌신? 아니다. 바로 '하나님을 아는 것'이다.

나는 인애를 원하고 제사를 원하지 아니하며 번제보다 하나님을 아는 것을 원하노라(호 6:6).

영생은 곧 유일하신 참 하나님과 그가 보내신 자 예수 그리스도를 아는 것이니이다(요 17:3).

그리스도인들에게 '하나님을 아는 것'은 생명과 같다. 하나님을 알 때 의와 평강과 기쁨이 생기며, 희생하고 헌신할 용기가 생긴다.

성경에서 '어떤 것을 안다'라는 표현은, 지식의 습득이나 암기가 아니라 경험을 통한 체득을 의미한다. 성경 퀴즈 대회에서 일등을 하거나 성경책을 몽땅 외운다고 하나님을 잘 아는 것은 아니다. 하나님과 인격적 관계를 맺고, 우리에게 말씀하시는 그분을 체험해야 알 수 있다.

그렇다면 말씀하시는 하나님을 어떻게 체험할 수 있을까? 성경책 한 권 던져 주고는 "모든 내용은 여기 다 있으니까, 백 번 읽으면 하나님을 알게 될 거야"라고 하면 될까?

성서신학을 전공하여 박사학위까지 받은 신학교 교수가 수업 중에 이런 말을 했다는 이야기를 들은 적이 있다.

"처녀가 어떻게 아이를 낳을 수 있습니까? 그렇다면 우리나라 신화에 등장하는 박혁거세도 정말 알에서 태어난 걸까요? 우리는 동정녀 이야기를, 예수님을 신격화하려고 후대 사람들이 만든 신화(神話)로 이해해야 합니다."

"예수님은 사람의 몸으로 이 땅에 오셨습니다. 그런데 어찌 물 위를 걸으실 수 있었겠습니까? 갈릴리 호수를 등진 채 걸어오시는데 마침 높은 지열(地熱)로 아지랑이가 생겼고, 이 때문에 물 위를 걷는 것처럼 보였을 뿐입니다."

"사람이 한 번 죽으면, 다시 살아날 수 없습니다. 따라서 예수님은 부활하신 것이 아닙니다. 십자가의 고통과 충격으로 심장이 잠깐 멎었다가 다시 깨어나신 것입니다."

대체 그가 받았다던 학위는 뭐란 말인가? 그가 정말 이런 말을 했다면, 과연 하나님을 안다고 할 수 있을까? 그럴 수 없다. 이처럼 하나님의 성경을 읽고 연구한다고 해서 하나님을 잘 안다고 말할 수는 없다.

하나님은 우리에게 하나님 자신을 알리려고 말씀하신다. 일방적으로 말씀하시는 게 아니라 우리와 대화를 주고받으며 말씀하신다. 서로 알아 간다는 것은 바로 이런 것이다. 하나님은 친밀한 교제를 위해 우리를 창조하셨다. 그래서 하나님은 우리에게 말씀하시고 우리에게 귀 기울이신다. 하나님은 우리가 언제 어디서든 그분의 음성을 듣고 교제하며 배우기 원하신다.

정체성을 바꿔 주려고

신명기 28장에는 약속의 땅 가나안을 눈앞에 둔 이스라엘 백성이 하나님과 언약을 맺는 장면이 등장한다. 여기에서 우리는 들려주시는 그 음성을 통해 우리의 정체성을 변화시키는 하나님을 만나게 된다.

우리가 하나님의 보배로운 백성이기 때문에 말씀하신다

누군가가 당신과 진심으로 대화하고 싶어 한다는 것은, 그만큼 당신이 그 사람에게 중요하고 가치 있는 존재라는 뜻이다. 하나님이 우리에게 말씀하시는 것도 우리가 그분에게 소중한 존재이기 때문이다.

하나님은 "너희는 나의 보배로운 백성이다"라고 말씀하신다(신 26:18). 이 말은 우리를 '보물'처럼 여기신다는 것이다. 우리를 창조하신 이래로 하나님은 이 진리를 늘 말씀해 오셨다. 우리가 그분 앞에서 우리의 가치를 바르게 알고 이를 가슴 깊이 새겨 두기 바라시기 때문이다.

"너를 보물처럼 아끼고 사랑한다"는 이야기를 계속해서 들으며 자란 사람일수록 자존감이 높다. 하나님의 음성도 그렇다. '듣는 것만으로도' 건강한 자존감과 정체성을 갖게 하는 능력이 있다.

우리를 뛰어난 사람으로 세우기 위해 말씀하신다

나는 아직도 하나님의 음성을 듣는 일에 서투르지만, 곧잘 이런 칭찬을 듣는다. "도대체 그런 결정을 어떻게 내리신 겁니까? 선견지명이 대단하십니다. 정말 놀랍습니다!" 그럴 때마다 나는 씩 웃기만 한다. 내가 대단해서가 아니라 하나님이 알려 주신 일이기 때문에 딱히 할 말이 없어서다. 이처럼 하나님의 음성은 우리를 세상에서 높여 준다.

> 그런즉 여호와께서 너를 그 지으신 모든 민족 위에 뛰어나게 하사 찬송과 명예와 영광을 삼으시고(신 26:19).

> 여호와께서 너를 머리가 되고 꼬리가 되지 않게 하시며 위에만 있고 아래에 있지 않게 하시리니 오직 너는 내가 오늘 네게 명령하는 네 하나님 여호와의 명령을 듣고 지켜 행하며(신 28:13).

하나님은 우리를, 온 세상의 칭찬과 명예, 영광을 취하는 사람들로 세우겠다고 약속하셨다. 또한 우리가 머리가 되고 꼬리가 되지 않게 하며, 위에만 있고 아래에 있지 않게 하겠다고 말씀하신다. 하나님의 높여 주심은, 우리가 생각하는 세속적인 성공이나 높은 지위만을 의미하지 않는다. 다른 사람 혹은 공동체에게 영향력을 흘려보낼 수 있는 상황과 자리에 세우시겠다는 것이다. 그래야만 아브라함에게 약속하신 것과 같은, 온 세상의 '복덩이'가 되어 다른 사람을 섬기고 복을 흘려보내는 삶을 살 수 있기 때문이다. 하나님은 우리에게 이 사실을 매우 간절히 알려 주고 싶어 하신다. 그래서 끊임없이 우리에게 말씀하신다.

특별히, 치열한 입시 전쟁을 치르고 있는 이 땅의 십대들이 "너희들을 높여 주겠다"는 그분의 음성을 들었으면 좋겠다. 하나님의 음성을 듣고 일어난 십대들이 모든 민족 가운데 찬송과 명예, 영광을 취하며, 이 혼탁하고 어지러운 시대를 뒤집어 놓는 것을 상상해 보라. 상상만으로도 가슴이 두근거리지 않는가!

우리가 그분의 거룩한 백성이기 때문에 말씀하신다

해외여행을 하면, 이따금씩 '국적'의 중요성을 뼈저리게 느낀다. 국적에 따라 그 사람에 대한 대우가 달라지기 때문이다. 또한 해외에서 곤란한 일을 당했을 때 자국에서 힘을 써 주면, 그 나라 사람인 것이 자랑스러워진다. 이러한 노력은 특히 미국과 일본에서 가장 잘 이루어진다. 이 두 나라는 해외에서 자국민이 어려움을 당하면, 국가적인 차원에서 문제를 해결하려 노력한다. 간혹 선교사들이 선교지에서 피해를 입거나 납치당할 때, 즉각 나서서 사태를 수습하는 것을 보면 부럽다.

그런데 이러한 국적이 영적 세계에도 존재한다는 사실을 아는가? 모든 그리스도인은 하나님 나라의 백성이다.

그가 말씀하신 대로 너를 네 하나님 여호와의 성민이 되게 하시리라(신 26:19).

하나님 나라는 세상의 모든 나라 위에 세워졌다. 하나님은 우리를 하나님 나라의 백성으로 삼으셨다. 해외에 나간 사람이 자국 정부의 보호와 도움을 받는 것처럼, 하나님은 이 땅에 사는 우리를 보호하고 도우신다. 하나님이 우리에게 말씀하시는 이유는 우리가 하나님 나라의 백성이기 때문이다.

능력 있는 삶을 살게 하려고

우리를 거룩하게 하려고 말씀하신다

'거룩하다'는 것은 구별되었다는 뜻이다. 그래서 우리는 대개 거룩한 삶을, 남들과 구별되어 생각하고 말하고 행동하는 것으로 생각한다. 하지만 거룩한 삶을 구별되었다는 것만으로 정의한다면, 전혀 다른 의미로 받아들일 수 있다. 요즘 사회에

팽배한 포스트모더니즘은 무조건 남과 다르게 독특하고 멋진 삶을 살면, 남들과 구별되었다고 생각하기 때문이다.

그렇다면 이런 삶은 어떤가? 속세를 떠나서 명상과 마음 수련을 즐기며 현자처럼 사는 사람들 말이다. 이는 분명 다른 사람과는 구별된 삶이다. 과연 이런 삶도 거룩한가?

성경이 말하는 '거룩'은 다른 것과 구별된 것을 말하는 게 아니다. 오직 '하나님을 위해' 구별된 것을 말한다. 즉, '어떻게 행동하며, 어떻게 살아가느냐'가 아니라 '무엇을 사랑하며, 무엇을 추구하느냐'에 대한 것이다. 외적인 형식과 행위가 아니라 눈에 보이지 않는 마음과 가치의 문제라는 얘기다. 그래서 거룩한 삶을 살기란 매우 어렵다. 눈에 보이지 않는 마음을 다스리기란 쉽지 않기 때문이다. 차라리 규칙대로, 율법적으로 살기가 더 쉬워 보인다. 어떻게 해야 거룩한 삶을 살 수 있을까? 하늘에 속한 사람답게 이 땅에서 살아가는 일이 정말로 가능한 것일까?

하나님은 이스라엘 백성에게 이렇게 말씀하신다.

> 내가 또 너희에게 이르기를 나는 너희의 하나님 여호와이니 너희가 거주하는 아모리 사람의 땅의 신들을 두려워하지 말라 하였으나 너희가 내 목소리를 듣지 아니하였느니라 하셨다 하니라(삿 6:10).

하나님은 가나안 땅을 눈앞에 둔 이스라엘 백성에게 "그 땅의 신들을 두려워하지 말라"고 말씀하셨다. 하지만 이스라엘 백성은 그 말씀을 듣지 않고, 오히려 가나안 거민들이 섬기던 신들의 소리에 귀 기울이기 시작했다. 이것은 단순히 또 다른 종교를 하나 더 갖는다거나 우상 앞에 제물을 바치고 절하는 차원이 아니다. 이 '세속적인 가치'와 '인간 중심적 사고'를 받아들이는 것이다. 또한 놀라운 이적과 기사를 통해 하나님의 능력을 체험한 사람이라 해도 언제든 다른 신의 말을 듣고 섬기게 될 수 있다는 얘기다.

다른 신의 말을 들으면 어떤 일이 일어날까? 아이러니하게도, 이방 신에 귀 기울이던 이스라엘 백성은 그 신을 섬기던 이방 민족에게 철저히 약탈당하게 된다. "미디안의 손이 이스라엘을 이긴지라 이스라엘 자손이 미디안으로 말미암아 산에서 웅덩이와 굴과 산성을 자기들을 위하여 만들었으며"(삿 6:2). 이 이야기의 결론은 매우 간단하다.

우리가 제아무리 하나님의 백성이라 해도 세상 신의 음성을 들으면, 세상이 우리를 이긴다. 세상 신의 소리를 듣기 시작하면, 우리는 두렵고 무서운 마음에 굴을 파고 숨게 된다. 이것은 비단 구약시대에만 일어난 사건이 아니다. 실제로도 지금 우리가 경험하고 있는 바다. 하나님의 음성을 듣지 않으면, 세상 신의 소리를 듣게 된다. 하나님의 말씀을 따르지 않으면, 아무 거리낌 없이 세상의 가치와 기준을 따라 살게 된다.

세상 신들의 소리는, 심지어 교회 안에까지 들어와 있다. 예를 들면, "하나님 일도 돈이 있어야 한다"라든지 "교회에서 대접받으려면 돈도 있고 출세도 해야 한다", "목사 자녀와 장로 자녀가 좋은 대학에 못 들어가면, 하나님의 영광을 가리게 된다" 등의 생각이다. 직분이 무엇이든, 신앙 연륜이 얼마나 오래 되었든, 어떤 영적 체험을 했든 상관없이 많은 그리스도인이 인정하고 받아들이는 소위 '진리들'이다.

요즘에는 많은 신자가 자기 자녀에게 "좋은 학교 들어가야 하나님이 영광 받으신다. 그러니 주일 오전 예배에만 참석해라. 말씀 읽고 기도하고 성경공부하고 수련회 참석하는 일은 대학교 들어간 다음에 해도 늦지 않다"라고 가르친다. 그 덕분에 세상 신들에게 완전히 사로잡혀 사는 십대가 많다.

또한 교회 안에서도 얼짱과 몸짱을 추구하고, 심지어 헌신자들이 모였다는 선교단체 안에서도 그런 경향이 나타난다. 이들은 자신도 모르게 신앙을 도덕의 수준으로 끌어내린다. 성적 순결에 대한 기준을 세상적 기준에 맞추고, 혼전 동거에 열린 입장을 취한다. "정말 사랑한다면 그럴 수도 있지 뭐."

배우자를 고르는 일 또한 다르지 않다. 얼굴이 예쁘고 몸매가 늘씬해야 일등 신붓감이고, 경제적 능력이 있고 학벌과 배경이 좋아야 일등 신랑감이다. 물론 대놓고 물어보면, 다들 절대 아니라고 답한다. 하지만 모습을 가만히 들여다보면, 선택이나 추구의 방향이 비그리스도인들과 다를 것이 별로 없다.

하나님의 음성 대신에 세상 신들의 소리를 따른 결과는 무엇인가?

십대 시절에 얼렁뚱땅하게 신앙생활을 한 사람은 성인이 되어서도 여전히 얼렁뚱땅한 신앙생활을 하게 된다. 교회에서까지 돈을 밝히는 사람은 결국 돈 때문에 낭패와 곤경에 빠진다. 세상 도덕을 성적 순결의 기준으로 생각하는 사람은 반드시 자신의 경솔함을 후회하며 눈물 흘린다. 이러한 삶은 거룩과는 거리가 아주 멀다. 하나님을 위해 구별되기는커녕 세상 사람들과 구별조차 되지 않는 것이다.

우리가 요청하지도 않았는데, 하나님이 우리에게 말씀하시는 이유는 무엇일까? 왜 다른 신의 소리에 귀를 쫑긋 세우는 우리를 포기하지 않고 계속해서 말씀하시는 걸까? 답은 간단하다. 우리가 거룩한 삶, 남들과 다른 삶, 하나님을 위해 구별된 삶을 살게 하기 위해서다. 하나님의 음성을 듣고 살면, 세상과 구별된 거룩한 삶을 살 수 있다. 그러므로 거룩한 삶을 살기란 어렵지 않다. 그리스도인다운 삶은 결코 모호하지 않다. 왜인가? 하나님의 음성을 듣고 순종하는 것, 그것이 바로 거룩한 삶이기 때문이다.

우리를 지혜롭게 하려고 말씀하신다

하나님은 우리에게 '지혜'를 주고 싶어 하신다. 그런데 하나님이 주시고 싶어 하시는 지혜란 무엇일까? 암기 잘하고 시험

문제 잘 풀고 성적 잘 나오게 하는 지혜일까? 아니면 일 잘하고 처신도 잘하고 사업도 잘하는 지혜일까?

다윗의 뒤를 이어 이스라엘 왕이 된 솔로몬은 열왕기상 3장에서 하나님 앞에 일천 번제를 드린다. 그리고 그날 밤, 하나님이 솔로몬의 꿈에 나타나셔서 어떤 소원이든 들어주겠다고 하신다. 이때 솔로몬은 무엇을 구했을까?

> 누가 주의 이 많은 백성을 재판할 수 있사오리이까 듣는 마음을 종에게 주사 주의 백성을 재판하여 선악을 분별하게 하옵소서 솔로몬이 이것을 구하매 그 말씀이 주의 마음에 든지라(왕상 3:9-10).

솔로몬은 백성을 잘 다스릴 수 있는 '듣는 마음'을 구했다. 흔히 사람들은 그가 '지혜'를 구했을 거라고 생각하지만, 성경 어디에도 그런 말은 나오지 않는다. 솔로몬은 '듣는 마음'을 구했다. 영어로는 'listening heart'나 'understanding heart', 히브리어로는 '레브 쉐마'인 '듣는 마음'은 하나님의 음성과 다른 사람의 말을 '경청하는' 심령을 의미한다.

솔로몬의 대답이 마음에 드신 하나님은 '듣는 마음'을 '지혜'라는 말로 바꿔 "네가 이것을 구하도다 자기를 위하여 장수하기를 구하지 아니하며 부도 구하지 아니하며 자기 원수의 생명을 멸하기도 구하지 아니하고 오직 송사를 듣고 분별하는 지혜를 구하였으니"(왕상 3:11)라고 말씀하셨다. 하나님의 지혜는 학식과 연륜이 높다고 얻는 게 아니라 경청할 때 주어진다. 그런 맥락에서 야고보서 1장 5절을 바라보면, 새로운 깨달음을 얻을 수 있다.

> 너희 중에 누구든지 지혜가 부족하거든 모든 사람에게 후히 주시고 꾸짖지 아니하시는 하나님께 구하라 그리하면 주시리라(약 1:5).

하나님이 솔로몬에게 주신 지혜가 '듣는 마음'이라면, 위의 성경 구절에는 무슨 의미가 담긴 걸까? 하나님의 음성을 듣게 해 달라는 것이라면, 제아무리 유치하고 말도 안 되는 요청이라도 후히 주시겠다는 얘기다. 하나님은 우리가 그분의 음성을 듣고 지혜롭게 되기를 몹시 바라시기 때문이다. 그러므로 어떤 중요한 결정을 내릴 때, 그분의 음성을 들으면 지혜롭게 택할 수 있다. 우리 하나님은 자녀들의 요청만 있으면 언제 어디서든 말씀해 주시는 분이다.

전에 한 국제회의에 참석했을 때다. 뭔가 중요한 이야기가 오가는 것 같은데, 영어로 대화하는 바람에 하나도 알아들을 수 없었다. 그래서 나는 속으로 이렇게 기도했다.

"하나님, 제가 모든 대화의 내용을 이해할 수 있도록 '듣는 마음'을 주시옵소서."

그랬더니 정말 하나님이 내 귀를 열어 주셨다. 그 덕에 주제와 핵심을 알아차릴 수 있었고, 아무런 망신도 당하지 않았다. 이처럼 하나님은 우리의 지혜로움을 기대하시며, 늘 말씀하시는 분이다.

우리를 강한 용사로 살게 하려고 말씀하신다

능력 있는 그리스도인의 삶을 살아가려면, 하나님의 음성을 들어야 한다. 하나님은 우리가 하나님의 뜻대로 행할 수 있도록 말씀을 통해 능력을 주신다.

> 내게 능력 주시는 자 안에서 내가 모든 것을 할 수 있느니라(빌 4:13).

> 네가 네 하나님 여호와의 말씀을 삼가 듣고 내가 오늘 네게 명령하는 그의 모든 명령을 지켜 행하면…여호와께서 너를 대적하기 위해 일어난 적군들을 네 앞에서 패하게 하시리라 그들이 한 길로 너를 치러 들어왔으나 네 앞에서 일곱 길로 도망하리라(신 28:1, 7).

하나님의 음성을 듣는 사람은 자신의 대적들과 능히 싸워 이길 능력을 공급받는다. 그래서 적들이 한 길로 쳐들어 왔다가 일곱 길로 도망치게 된다. 상상만 해도 놀랍고 신나는 일이 아닌가! 세계 만민이 우리를 존경하고 따르게 하려면, 우리를 강한 용사로 변화시키는 하나님의 음성을 들어야 한다.

삶의 목적을 알게 하려고

'가야 할 길'과 '해야 할 일'을 알려 주려고 말씀하신다

한 해에 천여 명의 사람들이 예수전도단의 DTS에서 훈련 받고 있다. 그들 중 대부분은 DTS가 인생의 전환점이 되었다면서, 이 시간을 통해 부르심을 발견할 수 있었다고 간증한다. 하나님의 음성을 듣게 되면서 그분과의 관계가 회복되고, 그분의 사랑과 뜻을 발견하여 새로운 인생을 시작하게 되었다고 고백한다. DTS를 수료한 사람 대부분이 예수전도단을 '친정'이나 '고향'처럼 생각하며 그리워하고, 간사나 후원자, 중보자 또는 이런저런 모습으로 '예수전도단 식구'가 되는 것은 그 때문이다. 나도 그렇다. 예수전도단에서 '받아먹은'(?) 은혜가 있어서 지금까지 간사로 섬기고 있는 것이다.

이처럼 예수전도단에는 하나님을 더 깊이 있게 만나면서 새로운 인생을 시작하게 된 사역자들이 많다. 그중 한 분을 소개하겠다. 바로 고(故) 장효성 간사님이다. 그분은 일류대학을 나와 우리나라의 대표적인 건설회사에 입사하여 중역의 자리까지 올랐던, 소위 성공한 분이셨다. 국내외의 유명 건축물 중에는 그분의 손을 거친 것들이 많다. 서울 삼성동에 있는 코엑스(무역회관)도 이분이 감리단장으로 참여한 건축물이다. 그러던 중 이분의 삶에 변화가 일어나게 되는데, 바로 예수전도단의 BEDTS(직장인 예수제자훈련학교)에서 하나님의 음성을 듣는 법을 배운 후부터였다. 어느 날 아침, 그분이 묵상하고 있는데 하나님이 이렇게 말씀하셨다고 한다. "네 사무실의 소파를 모두 없애고 회의용 탁자로 바꾸면 어떻겠니?"

  그분은 즉시 그 말씀에 순종했다. 그랬더니 부하 직원들에게 '권위적인 이미지를 벗어 던진 상사'라는 칭찬을 받게 되었다. 이렇게 아침마다 묵상을 하고, 하나님의 음성을 구체적으로 듣게 되면서 여러 가지 변화가 나타나기 시작했다. 일뿐만 아니라 가정과 자녀양육에도 여러 가지 변화가 나타났다. 그러다 '회사를 그만두고 예수전도단에서 섬기라'는 음성을 듣고는, 월급 한 푼 없는 예수전도단의 전임간사로 아내와 함께 위탁했다.

  놀라운 경력과 학식, 인생 연륜을 가진 분이지만, 늘 순전한 마음으로 하나님께 모든 것을 묻고 듣고 순종하신 분이셨다. 하나님이 기름을 부어 사용하실 수밖에 없는 신실한 종이셨다. 그분이 하나님의 음성을 듣고 순종하자 사역도 발전하고 부흥하기 시작했다.

  그러던 중 해외의 직장인 훈련프로그램을 일으키기 위해 세계 이곳저곳을 돌며 사역하게 되었는데, 중앙아시아의 키르키즈스탄에 강의하러 가시다가 우즈베키스탄 공항에서 심장마비로 하나님의 부름을 받으셨다.

  장례식에서 이분의 큰아들이 나눈 고백이 아직도 내 가슴에 또렷하게 남아 있다.

"저희 아버님은 참 나쁜 사람이었습니다. 술과 담배를 늘 가까이하셨으며, 현장 일에 너무 바빠서 가족은 늘 뒷전이었습니다. 그러던 어느 날, BEDTS에서 예수님을 만나고 하나님과 친밀해진 뒤에 완전히 다른 사람이 되셨습니다. 하나님의 음성을 듣고 따르며 항상 가족을 위해 기도하시던 아버님의 모습은 마치 예수님을 보는 것 같았습니다. 저도 제 아버님처럼 살고 싶습니다."

하나님과 친밀하게 관계 맺으며 음성을 듣고 사는 사람의 영향력은 얼마나 놀라운가! 나는 그 장례식에서, 나도 장례식 때 자식들의 찬사를 받을 수 있는 사람이 되어야겠다고 도전을 받았다. 지금도 장효성 간사님을 생각할 때면, "하나님께 물어보고 듣고 결정하세요"라는 그분의 조언이 생생하게 떠오른다.

이렇게 예수전도단 안팎에는 하나님의 음성을 듣게 되면서 인생 자체가 바뀐 사람들이 허다하다. 내가 하나님의 음성을 들으면 인생이 바뀌고 살아야 할 목적과 부르심도 발견할 수 있다고 장담하면서 이렇게 책까지 쓰는 이유는, 실제로도 그런 사례들이 많기 때문이다.

모든 사람은 삶의 방향을 찾고 싶어 한다. 가야 할 길을 알고 싶어 한다. 복음을 받아들인 후 하나님의 영광을 위해 살겠다고 헌신한 젊은이들은 대부분 가야 할 길을 놓고 고민하며 기도한다. 설사 가야 할 길을 발견해도 또 다른 문제가 기다린다. 오늘 해야 할 일을 찾아야만, 가야 할 길로 향할 수 있기 때문이다. 그렇다면, 대체 가야 할 길과 해야 할 일을 어떻게 알 수 있을까? 우리는 이런 고민을 안고 있는 사람들을 성경에서 찾아볼 수 있다.

> 이에 모든 군대의 지휘관과 가레아의 아들 요하난과 호사야의 아들 여사냐와 백성의 낮은 자로부터 높은 자까지 다 나아와 선지자 예레미야에게 이르되 당신은 우리의 탄원을 듣고 이 남아 있는 모든 자를 위하여 당신의 하나님 여호와께 기도해 주소서 당신이 보는 바와 같이 우리는 많은 사람 중에서 남은 적은 무리이니 당신의 하나님 여호와께서 우리가 마땅히 갈 길과 할 일을 보이시기를 원하나이다 선지자 예레미야가 그들에게 이르되 내가 너희 말을 들었은즉 너희 말대로 너희 하나님 여호와께 기도하고 무릇 여호와께서 너희에게 응답하시는 것을 숨김이 없이 너희에게 말하리라(렘 42:1-4).

하나님은 구하는 자들이 '갈 길'과 '할 일'을 깨닫도록 도우신다. 무엇으로? 자신의 음성으로 알려 주신다.

갈 길, 즉 인생의 전환점이 필요할 때, 하나님 앞에 나아가 그분의 생각을 물어보아야 한다. 나 역시 대학을 졸업한 후, 인생의 방향을 몰라서 무작정 하나님께 물었던 적이 있다. 그때 하나님은 내게 에베소서 4장 12절 말씀을 주셨다.

> 이는 성도를 온전하게 하여 봉사의 일을 하게 하며 그리스도의 몸을 세우려 하심이라.

이 말씀 덕분에 나는 지금까지 사역자의 길을 걷고 있다. 나는 '이 일은 내가 해야 할 일인가, 아닌가?' 하는 생각이 들어 헷갈릴 때면, 이 말씀을 기준으로 선택하고 결정한다.

가야 할 길과는 달리 해야 할 일은 미래가 아니라 현재와 관련이 있다. 하나님은 추상적인 삶의 방향뿐만 아니라 지금 해야 할 구체적인 일들까지 말씀하시는 분이다. 우리가 하루하루 살아가려면, 반드시 하나님의 음성을 들어야 한다.

이따금 나는 뭔가 해야 할 일이 있는 것 같은데 잊어버린 것 같아 찜찜할 때가 있다. 시간적인 여유도 있는데 마땅히 할 일이 떠오르지 않을 때, 해야 할 일을 가르쳐 달라고 하나님께 묻고 듣는다. 그러면 해야 할 일들이 곧바로 생각난다.

우리를 하나님의 일꾼으로 삼으려 말씀하신다

이 땅에서 일하시는 하나님의 기본 원칙 중 하나는, 우리 같은 사람을 통해 그분의 일을 이루신다는 것이다. 또한 하나님은 우리가 우리 맘대로 하나님을 앞질러 일하는 것도 원치 않으신다. 예수 그리스도마저도 결코 하나님보다 앞서 일하지 않으셨다. 육체를 입고 이 땅에 오셨을 때, 자신의 뜻대로 행하신 적이 단 한 번도 없다(요 12:49, 14:10). 성자 하나님인 예수님이 자기 뜻대로 행하셨다고 해서 뭐라고 할 사람은 아무도 없다. 그럼에도 예수님은 모든 것을 하나님의 음성에 따라 행하셨다. 이렇게 하나님은, 우리가 항상 그분의 음성을 듣고 순종하는 일꾼이 될 수 있도록 음성을 들려주시는 분이다.

모든 사역자가 가장 먼저 해야 할 일은 바로 하나님의 뜻을 묻고 듣는 것이다. 자기 생각과 뜻대로 하는 사역은 아무리 열심을 다해도 매우 위험한 일이다.

나는 신대원 시절에 한 노(老)교수님이 "하나님의 일을, 육신의 냄새를 피우면서 하지 마라!"라고 입버릇처럼 말씀하시던 것을 항상 기억한다. 그 말이 무슨 뜻인가? 하나님의 일꾼이라면 모름지기 그분의 음성을 들으며, 그 음성에 따라 일해야 한다는 이야기다.

나는 선교단체와 지역 교회를 함께 섬기고 있다. 그래서인지 여러 곳에서 말씀을 전할 기회가 많다. 그러면 나는 제일 먼저 하나님께 '저를 통해 어떤 내용을 전하기 원하십니까?'라고 질문한다. 또한 병원 심방을 가거나 슬픈 일을 당한 사람들을 찾아갈 때면 '무슨 말로 어떻게 위로해야 할까요?'라고 묻기도 한다. 그럴 때마다 하나님은 적절하게 응답해 주신다.

이것은 나 같은 목사나 선교단체 간사에게만 해당하는 일이 아니다. 하나님의 음성을 듣는 모든 사람에게는 하나님의 일을 감당해야 할 특권과 책임이 있다. 하나님은 자기 뜻대로가 아니라 그분 뜻대로 행하는 일꾼을 세우려고 우리에게 말씀하시는 분이기 때문이다. 그러므로 하나님의 자녀와 성도로 부름 받은 사람, 즉 하나님의 음성을 들을 수 있고 듣는 모든 사람은 하나님이 명하시는 일을 감당해야 한다.

축복된 삶을 살게 하려고

복덩이가 되는 인생을 살게 하려고 말씀하신다

하나님의 음성을 듣고 순종하는 사람의 삶은, 그 인생 전체에 하늘의 복이 임한다.

> 네가 네 하나님 여호와의 말씀을 청종하면 이 모든 복이 네게 임하며 네게 이르리니 성읍에서도 복을 받고 들에서도 복을 받을 것이며 네 몸의 자녀와 네 토지의 소산과 네 짐승의 새끼와 소와 양의 새끼가 복을 받을 것이며 네 광주리와 떡 반죽 그릇이 복을 받을 것이며 네가 들어와도 복을 받고 나가도 복을 받을 것이니라(신 28:2-6).

이처럼 하나님의 복은 그 사람이 사는 지역과 자연 환경, 하고 있는 모든 일, 관련된 모든 사람과 그들의 소유에까지 임한다. 그 자녀와 노동의 결과, 기르는 가축, 그리고 심지어 집안에서 사용하는 식기에까지 임한다. 들어와도 복을 받고, 나가도 복을 받는다. 이것이 바로 하나님이 아브라함에게 주셨던,

복의 근원이 되리라는 약속의 성취가 아닐까? 이 모든 축복의 조건은 단 하나, 하나님의 음성을 듣고 순종하는 것이다. 하나님은 우리 인생 전체에 복을 주시려고 말씀하시는 분이다.

하늘의 아름다운 보고를 열기 위해 말씀하신다

하나님은 때를 따라 하늘을 열어 그분의 음성을 듣는 사람에게 단비를 내리시는 분이다.

> 네가 네 하나님 여호와의 말씀을 청종하면…여호와께서 너를 위하여 하늘의 아름다운 보고를 여시사 네 땅에 때를 따라 비를 내리시고 네 손으로 하는 모든 일에 복을 주시리니 네가 많은 민족에게 꾸어줄지라도 너는 꾸지 아니할 것이요(신 28:2, 12).

대자연까지 동원하여 자녀들에게 복 주고 또 복 주시려고 음성을 들려주신다.

그러므로 하나님의 음성 듣는 법을 배워라

하나님의 음성을 듣는 것은 은사가 아니다

사무엘상 3장을 보면, 소년 사무엘이 하나님의 음성을 듣는 장면이 나온다. 당시 사무엘은 엘리 제사장을 섬기며 성전에서 살고 있었다.

"사무엘, 사무엘아!"

자신을 부르는 사람이 엘리 제사장이라고 생각한 사무엘은 곤히 자고 있던 그를 깨웠다.

"제사장님, 부르셨습니까?"

곤히 자고 있는데 갑자기 깨우면, 누구나 짜증이 난다. 특히 뚱뚱한 사람일수록 더 짜증내며 힘들어한다. 그런데 당시 엘리 제사장은 굉장히 살쪄 있었다. 모르긴 몰라도 엘리는 이렇게 말하며 짜증냈을 것이다.

"잘 자고 있는데 왜 와서 난리야? 나는 안 불렀어. 그러니 어서 가!"

사무엘은 고개를 갸우뚱하며 자기 처소로 돌아왔다. 그런데 하나님이 또 그를 부르셨다.

"사무엘, 사무엘아!"

이번에는 정확하게 들었다고 생각한 사무엘은 벌떡 일어나 엘리 제사장에게 달려갔다.

"대체 왜 그래? 꿈꿨니? 나는 너 안 불렀다니까. 가서 자라!"

핀잔만 잔뜩 듣고 돌아온 사무엘의 귀에 하나님의 음성이 또 들려왔다. 아직 어렸던 사무엘은 그 밤에 자길 부를 사람은 엘리 제사장밖에 없다고 생각했다. 하나님의 음성이라고는 생각조차 하지 못했다. 다시 말해, 이스라엘 역사상 가장 위대한 선지자 중 하나인 사무엘도 하나님의 음성을 듣지 못하던 시절이 있었다는 얘기다.

사무엘이 엘리를 세 번째로 찾아갔다. 영적으로 둔감해 있던 엘리는 그제야 감을 잡았다. 엘리는 '이거 혹시 하나님이 얘를 부르고 계신 거 아니야?'라고 생각하게 되었다.

> 엘리가 사무엘에게 이르되 가서 누웠다가 그가 너를 부르시거든 네가 말하기를 여호와여 말씀하옵소서 주의 종이 듣겠나이다 하라 하니 이에 사무엘이 가서 자기 처소에 누우니라(삼상 3:9).

어린 사무엘에게 하나님의 음성 듣는 법을 알려 준 것이다. 사무엘이 다시 돌아가 누웠더니, 아니나 다를까 하나님의 음성이 들려왔다. "사무엘, 사무엘아!"
바로 그때 사무엘은 엘리에게 배운 대로 반응한다.

> 여호와께서 임하여 서서 전과 같이 사무엘아 사무엘아 부르시는지라 사무엘이 이르되 말씀하옵소서 주의 종이 듣겠나이다 하니(삼상 3:10).

사무엘은 드디어 하나님의 음성 듣는 법을 배우고 적용하기 시작한 것이다. 평생 동안 하나님의 원대한 계획과 깊은 마음을 간직하며 살았던 대선지자 사무엘조차 처음부터 '하나님의 음성을 듣는 삶'을 능숙하게 살았던 것은 아니었다. 사무엘은 하나님의 음성을 듣는 은사를 받는 대신, 그분의 음성 듣는

4장 하나님이 당신에게 말씀하시는 이유

법을 배웠다. 그러나 아직도 많은 그리스도인이 하나님의 음성을 들을 수 있다는 진리를 모르거나 자신에게는 그런 은사가 없다고 생각한다. 그래서 그분의 음성을 듣는 유익을 잃어버린 채 살고 있다.

하나님의 음성을 듣지 않으면

신명기 28장에는 하나님의 음성을 들었을 때 누릴 복과 듣지 않았을 때 받을 저주가 기록되어 있다. 분량을 비교해 보니, 저주의 내용이 복의 4배나 되었다(신 28:15-68). 여기에 기록된 저주는 하나님의 음성을 들었을 때 누리게 될 축복의 정반대 현상들이다.

하지만 두려워할 필요가 없다. 하나님이 저주의 내용을 자세하게 기록하신 이유는 우리를 향한 협박이나 위협이 아니라 '경고'이기 때문이다. 이 본문에는 '단 한 명의 자녀도 저주를 받지 않았으면 좋겠다'는 그분의 사랑과 안타까움이 구구절절 가득 담겨 있다.

하나님은 선지자 예레미야에게 베로 만든 띠를 사서 허리에 한 번 둘렀다가, 유브라데 강 바위틈에 감추라고 하신다. 얼마 후에 띠를 찾아오라고 하셔서 가 보았더니, 허리띠가 완전히 썩어서 쓸 수 없게 되어 버렸다. 그때 하나님이 예레미야에게 이렇게 말씀하신다.

> 여호와의 말씀이 내게 임하니라 이르시되 여호와께서 이와 같이 말씀하시니라 내가 유다의 교만과 예루살렘의 큰 교만을 이같이 썩게 하리라 이 악한 백성이 내 말 듣기를 거절하고 그 마음의 완악한 대로 행하며 다른 신들을 따라 그를 섬기며 그에게 절하니 그들이 이 띠가 쓸 수 없음같이 되리라 여호와의 말씀이니라 띠가 사람의 허리에 속함같이 내가 이스라엘 온 집과 유다 온 집으로 내게 속하게 하여 그들로 내 백성이 되게 하며 내 이름과 명예와 영광이 되게 하려 하였으나 그들이 듣지 아니하였느니라(렘 13:8-11).

유다의 교만과 예루살렘의 큰 교만이란, 하나님 음성 듣기를 거절하고 자신들의 강퍅한 마음을 따라 행한 일이다. 그런데 하나님은 이 모든 것이 썩은 허리띠처럼 될 것이라고 선언하신다.

이스라엘은 하나님께 속하여, 그분의 이름과 명예, 영광으로 세워진 자들이었다. 마치 허리띠가 허리에 속한 것처럼 말이다. 그러나 이스라엘 백성은 결국 하나님 음성 듣기를 거절했기 때문에 완전히 망가져 쓸모없는 존재가 되어 버렸다. 썩은 띠를 허리에 차려고 하는 사람이 어디 있겠는가? 결국에는 버려질 것이다. 이처럼 하나님의 음성을 듣지 않으면, 제아무리 놀랍게 지음 받은 자들이라 해도 썩은 허리띠처럼 쓸모없게 될 것이다.

건빵 그리스도인

멋진 크루즈 여행을 떠나고 싶어서 오랫동안 돈을 모은 사람이 있었다. 어렵사리 휴가를 받아 들뜬 마음으로 표를 사서 승선했는데, 지갑을 집에다 놓고 왔다는 사실을 알게 되었다. 이미 배가 출발한 후였다. 눈앞이 캄캄해지면서 걱정이 밀려왔다. '여행하는 동안 음식을 어떻게 사 먹지? 난 이제 뭐 먹고 사나?'

난감해서 가방 안을 뒤져 보니 다행히도 건빵 한 봉지가 눈에 띄었다. 그는 눈물을 글썽이며 비장한 목소리로 말했다. "건빵아, 고맙다. 네가 날 살리는구나."

식사 때가 되면, 그 배에 탄 다른 사람들은 상다리가 부러질 정도의 진수성찬을 만끽했다. 그러나 그만은 자기 방에 틀어박혀 건빵 몇 개와 물 한 잔으로 끼니를 때웠다. 그렇게 며칠이 지났다. 도저히 허기를 달랠 수 없자, 그는 결국 선장을 찾아가 이렇게 애원했다.

"선장님, 저는 너무나 이 여행을 하고 싶어서 오랫동안 돈을 모았습니다. 그런데 그만 지갑을 집에 두고 와 버렸습니다. 그래서 여태껏 건빵만 먹고 버텼습니다. 더는 못 견디겠습니다. 무슨 일이든 시켜만 주시면 하겠습니다. 나중에 변상하라면 얼마든 변상하겠습니다. 그러니 일단 밥 좀 먹게 해주세요."

그의 말에 선장은 매우 놀라며 이렇게 말했다.

"아니, 손님! 손님이 지불하신 뱃삯에는 식대도 포함되어 있다는 사실을 모르셨습니까? 손님은 이 배의 모든 식사를 마음껏 드실 수 있습니다. 모두 공짜라고요!"

이 얼마나 끔찍한 일이겠는가? 나도 오래전에 비행기를 탔다가 이와 비슷한 사람을 본 적이 있다. 식사 때가 되어 기내식이 나왔는데, 옆자리에 앉은 아주머니가 당황한 목소리로 내게 물었다. "저거 얼마예요?" 그래서 나는 "전부 공짜니까 걱정 말고 많이 드세요"라고 말했다.

그리스도인들 중에는 이런 '건빵 그리스도인'이 있다. 이들은 처음부터 끝까지 '죄 문제' 하나만 붙잡고 신앙생활을 한다. 이들은 정말 열심히 기도한다. 그런데 늘 회개 기도만 한다. 하나님 앞에서 늘 죄송하다는 말을 입에 달고 산다. 결코 죄에 대한 문제를 넘어서거나 떠나지 못하고, 그것을 신앙생활의 모든 것으로 삼고 살아간다.

예수 믿는 그리스도인의 삶에서 '회개와 죄사함'은 반드시 짚고 넘어가야 할 중요한 문제다. 하지만 그것이 전부는 아니다. 회개와 죄사함은 신앙생활의 문을 여는 시작일 뿐이다. 죄사함의 기쁨 이후에는 더욱 풍성한 기쁨과 감격이 기다리고 있다. 내적 치유의 기쁨, 용서를 통해 얻는 자유의 환희, 영적 전쟁의 승리, 영적 성숙의 깊이, 다스리고 정복하는 삶, 하나님 아버지의 마음을 배우는 것…. 하나님과 동행하는 삶을 통해 누릴 수 있는 유익은 매우 풍성하고 짜릿하며 다양하다.

그런데 그런 축복이 있는 줄도 모르고 죄사함의 교리에만 매달려 있다면, 얼마나 불쌍한 일이겠는가! 하나님은 우리가 구하기만 하면 온 열방까지 떼어 주시는 분인데, 그런 축복에는 아무런 관심이 없다니 정말 안타깝다.

"주님, 열방은 됐고요. 그냥 이번 주 복권 1등 번호나 알려 주세요!"

이들은 정말, 하나님이 주시는 유업에 도무지 관심이 없는 '건빵 그리스도인들'이다.

주님은 우리가 아파할 때 위로하시고, 잘했을 때 격려하시는 분이다. 고달픈 삶의 현장에서 함께해 주시고, 그분의 마음을 우리에게 날마다 알려 주신다. 그러나 많은 사람이, 그 음성에 귀 기울이고 그 뜻이 무엇인지 이해하려 하지 않는다. 할 수 없어서 못 하는 것이 아니라 할 수 있는데 안 하는 것이기에 더욱 가슴 아프다.

하나님의 음성을 듣는 사람은 풍성한 유익을 누리며 산다. 그러므로 하나님의 음성을 듣는 인생을 살아라. 주의 음성을 듣고 깨닫는 사람은 주님이 주시는 온갖 좋은 것을 취하며 살게 될 것이다.

5.
하나님의 음성, 이렇게 들어라

하나님과의 인격적인 관계에서 출발하라

사람들이 서로 대화하는 것처럼, 하나님의 음성을 듣는 것도 '관계' 가운데 일어난다. 그러므로 하나님의 음성을 들으려면, 먼저 하나님과 인격적이고 친밀한 관계를 맺어야 한다. 즉, 하나님과 친해져야 한다는 얘기다.

  친해야만 서로에 대해 알 수 있다. 친해야만 상대방이 어떤 사람인지, 성품이 어떤지 알 수 있다. 그래야만 상대방과 말이 통하고 신뢰가 쌓인다. 하나님과의 관계도 마찬가지다. 하나님의 음성을 듣는 것은 그분과 말이 통하는 것이다. 하나님과 말이 통하려면 그분에 대한 신뢰가 쌓여야 한다. 하나님을 신뢰하려면 하나님이 어떤 분인지 체험하고, 그분의 성품을 알아야 한다. 하나님을 체험하고 그분의 성품을 아는 것은 오직 친밀한 관계 안에서만 가능하다.

우리는 하나님과의 친밀한 관계 속에서 그분을 알아 가야 한다. 얼마나 인격적인 분이시며 얼마나 우리를 존중하시는지 체험해야 한다. 그분의 무한한 사랑과 용납과 인자하심을 경험해야 한다. 노하기를 더디 하시며 사유하기를 기뻐하신다는 사실을 알아야 한다. 나를 얼마나 사랑하시는지, 얼마나 교제하기 원하시는지 알아야 한다. 내 모든 말과 표현을 이해하고 모든 감정을 함께하시는 아버지 하나님을 만나야 한다.

하나님의 음성을 듣기 전에, '하나님과 어떤 관계를 맺고 있는지'를 다시 한 번 짚고 넘어가야 한다. 만약 당신이 하나님과 어떤 관계를 맺고 있는지 점검하고 회복해야 한다면, 일단 여기서 책을 덮어 두고 하나님 앞에 나아갈 것을 권한다. 이것이 하나님의 음성을 듣는 것보다 먼저 해야 할 일이다.

하나님의 음성을 듣기 위한 내적 요소

하나님과의 관계를 점검했다면, 이제 그분의 음성 듣는 법을 차근차근 살펴보도록 하자.

하나님의 음성을 들을 때, 흔히 느끼는 어려움 중 하나는 어떻게 시작해야 할지 모르겠다는 것이다. 그래서 하나님의 음성을 들으려면 준비해야 하는 '기본 요소'를 배워 둘 필요가 있다. 이를 잘 이해하여 적용한다면, 큰 도움이 될 것이다.

믿음이 기본이다

하나님의 음성을 듣는 데 가장 기본이 되는 것은 '믿음'이다.

> 믿음이 없이는 기쁘시게 하지 못하나니 하나님께 나아가는 자는 반드시 그가 계신 것과 또한 _그_가 자기를 찾는 자들에게 상 주시는 이심을 믿어야 할지니라(히 11:6).

사람의 눈으로는 절대 영이신 하나님을 볼 수 없다(요 4:24). 그래서 우리에게는 믿음이 반드시 필요하다. 보이지 않는 하나님과 교제하며 음성을 들으려면, 하나님이 계시다는 것과 그분이 자기를 찾는 자들을 만나 주시고 상 주신다는 것을 믿어야 한다. 이 사실은 이천 년, 수천 년이 지나도 모든 성도에게 항상 적용되는 절대 진리이다. 지금까지 하나님은 한 번도 변한 적이 없고 앞으로도 변하지 않으실, 언제나 동일한 분이기 때문이다(히 13:8).

그러한 하나님은 지금도 우리 삶 속에서 함께하시며 말씀하신다. 그분은 우리의 작은 신음 소리에도 응답하시며, 우리 입술의 모든 말을 아신다. 우리를 사랑하시며 우리의 목자가 되신다. 그리고 '내 양은 내 음성을 들을 수 있다'고 격려하신다. 이것을 믿는 것, 그것이 바로 하나님의 음성을 듣는 첫 번째 필수 조건이다.

마음을 깨끗하게 하라

내가 나의 마음에 죄악을 품었더라면 주께서 듣지 아니하시리라 (시 66:18).

하나님과 우리 사이를 막는 가장 커다란 장애물은 '죄'다. 죄를 범한 영혼은 하나님 앞에 설 수 없다. 마음에 죄악을 품으면 주님이 듣지 않으시기 때문이다. 죄가 하나님과 사람 사이를 가르고, 벽을 쌓는다. 그러므로 하나님 앞으로 나아가려면, 우리는 먼저 정결한 마음을 회복해야 한다. '회개하지 않은 죄'를 고백하는 것이다. 물론 우리의 모든 죄는 예수님을 구주로 영접하는 동시에 완전히 사함 받았다. 하지만 우리는 여전히 매일 죄로 오염된다. 그래서 우리는 하나님 앞에서 날마다 우리의 마음을 깨끗하게 씻어야 한다.

시편 51편에서 다윗은 밧세바를 범하고 그 남편 우리아를 죽이는 엄청난 죄를 짓는다. 그리고 그 후 정결한 마음을 달라고 간구한다. 나는 한때, 목사가 되면 '목사'라는 직함 때문에라도 유혹이 없어지고 거룩해질 거라고 생각했다. 하지만 막상 목사 안수를 받고 나니 전혀 그렇지 않았다.

자비량으로 사역하는 예수전도단 간사라고 물질에 대한 탐욕이 없는 것이 아니다. 지금도 나는 여전히 탐욕과 싸우고 있다. 예수전도단은 강사에게 사례비를 넉넉하게 주지 못한다.

예수전도단 대표가 된 지 얼마 지나지 않았을 때, 지역 교회에서 설교할 기회가 있었다. 그런데 그 교회는 내게 예수전도단의 세 배나 되는 사례비를 주셨다. 그때는 솔직히 기분 좋았다. 하지만 그 이후 한동안 재정적으로 힘들 때마다 내 안에는 '어디 나를 강사로 불러 줄 교회가 없을까?' 하는 생각이 떠올랐다. 나는 그 생각과 싸워야 했다. 그때 나는 내가 얼마나 탐욕스러운 사람인지 새삼스럽게 깨닫게 되었다.

요즘 사람들은 편지 대신에 이메일을 쓴다. 메일함에는 보면 안 될 내용을 담은 음란 메일들이 짜증날 정도로 많이 들어온다. 여러 통의 음란 메일이 와 있으면, 못 이기는 척하고 한 번 열어서 그 안에 있는 것들을 탐닉해 보고 싶은 유혹을 받는다. 그러면 마음이 더러워진다. 음란한 잡지나 영화, 사진들은 우리 마음속에 영상을 새겨놓는다. 이상하게도 그런 기억은 오래간다. 외로울 때마다 떠오르고, 심심하면 생각난다. 그래서 우리는 철저하게 하나님 앞에서 '정결한 마음'을 구해야 한다. 그래야 주님이 우리에게 말씀하실 수 있다.

순종하려는 마음, 로드십

'로드십'(Lordship)이란, 하나님을 주인으로 인정하는 것이다. 하나님을 '주님'으로 부를 때 사용하는 한자 '주'(主)는 '주인 주'다. 영어로는 마스터(Master), 즉 '주인'이다. 하지만 호칭은 그렇게 사용하면서도 하나님을 주인보다는 종처럼 생각하는 사람이 많은 것 같다.

언젠가 내가 주로 하는 기도 내용을 자세히 적어 본 적이 있다. 거의 이런 내용들이었다.

"주인님! 저 왔습니다. 제 말을 잘 들어주옵소서. 이러이러한 것들이 제게 필요합니다. 주인님! 사 주셔야 합니다. 주인님! 서류는 제가 다 준비했으니 결재 도장만 찍으시면 됩니다. 급합니다. 빨리 처리해 주십시오. 지금 제가 보는 앞에서 찍어 주소서. 두 번 생각하실 것 없이 지금 바로 찍으소서."

이것이 과연 하나님을 주인으로 인정하는 사람의 기도일까. 이 내용을 읽는데, 주위에 아무도 없는데도 얼굴이 화끈거려서 혼이 났다. 이렇게 기도하는 사람은, 하나님의 음성을 들을 때도 비슷한 태도를 보인다. 일단 하나님의 음성을 들어보고 나서 맘에 들거나 할 만하면 순종하겠다는 배경을 깔고 듣는다. 이것은 하나님을 주인으로 인정하는 태도가 아니다. 그분을 종으로 부리는 태도다. 만일 당신에게 종이 있는데, 그가 매번 이런 태도로 당신을 대한다면 어떻게 하겠는가? 바로 내쫓을 것이다. 그것은 주인을 대하는 합당한 태도가 아니기 때문이다.

당신이 정말 하나님의 음성을 듣고 싶다면, 그분을 주인으로 인정하는 로드십의 태도를 가져야 한다.

"주님, 주님이 말씀하신 대로 하는 것이 제게 복입니다. 종이 당신의 말씀을 듣습니다. 여기에 백지가 있사오니, 주님이 원하시는 대로 다 적어 주옵소서. 제 생각은 모두 내려놓겠습니다. 주님의 생각이 더 중요합니다. 제 뜻은 주님의 뜻에 비하면 아무것도 아닙니다. 저를 통해 주님의 뜻을 행하소서."

우리에게는 정말 이런 태도가 필요하다. 주님의 음성을 정말 듣고 싶다면, 일단 한번 들어보고 순종할지를 결정하는 게 아니라 그전에 먼저 무엇이든 순종하기로 결정해야 한다. 이것이 하나님을 주인으로 인정하는 태도다. 주인이 가라고 하면 가고, 멈추라고 하면 멈춰야 한다. 하나님은 그런 신앙과 태도를 가진 사람에게 말씀하신다.

사탄을 대적하라

하나님은 말씀하신 바를 그대로 이루시는 분이라는 사실을, 사탄이 알고 있을까, 모르고 있을까? 당연히 잘 알고 있다. 사탄은 하나님과는 비교조차 할 수 없는 존재지만, 우리보다 오래 살았고 하나님의 능력을 계속 보았기 때문에 그 말씀의 능력을 잘 안다.

그렇다면 하나님이 사람을 통해 일하신다는 사실은 알고 있을까? 사탄은 그 또한 매우 잘 안다. 인류 역사 전체를 통해 일할 사람을 찾아 사용하시는 하나님을 보았을 테니 말이다. 사탄은 하나님이 그분의 음성을 듣는 사람을 통해 일하신다는 사실을 매우 잘 알고 있다. 그렇다면 사탄은 하나님의 역사가 일어나지 않도록, 하나님이 절대로 말씀하지 못하도록 막을 방법을 갖고 있을까? 결단코 전혀 없다. 사탄은 하나님이 말씀하지 못하도록 막을 능력이 전혀 없다. 그렇다면 사탄은 하나님의 역사를 어떻게 방해할까? 바로 하나님의 음성을 막는 게 아니라 듣는 인간의 귀를 막는다. 왜냐하면 우리는 원래 사탄에게 속한 어둠의 자녀들이었기 때문이다(엡 5:8). 쉽게 말해 사탄의 '꼬봉'(부하)이었다는 얘기다.

그래서 사탄은 모든 수법을 동원해서 우리의 귀를 막으려고 한다. 우리가 하나님의 음성을 전혀 듣지 못하도록 원천봉쇄하려고 애쓴다. 그래서 우리가 하나님의 음성을 듣기 전에 겁부터 먹게 한다.

예수전도단에서 오랫동안 사역하면, 하나님의 음성에 관해 여러 가지 갈등을 겪게 된다. 원하던, 원하지 않던 대개 그러한 것 같다. 나는 그 와중에 사탄이 하나님의 음성 듣는 것을 방해하려고 사용하는 주요 무기 세 가지를 파악하게 되었다.

두려움

열정적인 신앙으로 훈련을 성실히 받은 사람이라면, 한 번쯤 이런 생각을 해보았을 것이다.

'이렇게 열심히 신앙생활 하다가 진짜 선교사로 가게 되는 건 아니겠지? 어쩌면 신학교에 가게 될 수도 있을 거야. 혹시, 이러다가 우리 집까지 팔라고 하시는 거 아니야? 그러면 나는 거지가 될 텐데. 그렇게 되면 우리 식구들이 무척 고생하게 될 텐데….'

이런 생각은 모두 사탄이 주는 두려움이다. 사탄은 왜 우리에게 이런 두려움을 주는 것일까? 우리가 두려움에 정신이 팔린 나머지 하나님의 음성을 듣지 못하게 하려는 것이다. 우리에게는 일단 겁을 먹으면 하나님의 음성을 듣지 않으려는 습성이 있기 때문이다. 그러나 심리학자들의 연구 결과에서도 알 수 있듯이, 우리가 지닌 막연한 걱정과 두려움이 실제로 일어나는 확률은 4퍼센트 미만으로 극히 적다. 쉽사리 순종할 수 없을 부담스러운 내용을 하나님이 말씀하실 거라는 두려움은 마귀의 궤계이며 공격이다. 하나님의 음성은 결코 우리에게 두려움을 주지 않는다.

혼돈

아마도 하나님의 음성을 들을 때 이런 고민을 가장 많이 할 것이다. '이게 내 생각일까, 하나님의 음성일까? 뭐가 뭔지 헷갈려서 못해 먹겠다!'

만약 그런 고민을 계속하고 있다면, 십중팔구 길을 잘못 든 것이다. 그러한 혼돈의 결과는 평안이나 소망이 아니라 신앙의 회의와 혼란스러움이기 때문이다.

> 여호와의 말씀이니라 너희를 향한 나의 생각은 내가 아나니 평안이요 재앙이 아니니라 너희에게 미래와 희망을 주는 것이니라(렘 29:11).

> 평안을 너희에게 끼치노니 곧 나의 평안을 너희에게 주노라 내가 너희에게 주는 것은 세상이 주는 것같지 아니하니라 너희는 마음에 근심하지도 말고 두려워하지도 말라(요 14:27).

어떤 음성이 혼란을 가져온다면, 그것은 하나님의 음성이 아니라 사탄이 주는 방해공작일 확률이 높다. 하나님은 내면의 혼돈까지 잠잠하게 정리해 주시는 분이기 때문이다.

다음 장에서 자세히 설명하겠지만, 이러한 갈등은 대개 샤머니즘의 영향 때문이다. 성경적 세계관을 가져야만 이런 갈등과 혼란에서 자유로울 수 있다. 하나님의 음성을 들었던 성경 인물 중에 '이것이 내 음성인가, 하나님의 음성인가'라는 문제로 갈등했던 사람이 단 한 명도 없었다는 사실을 기억하자.

의심

하나님의 음성 듣는 것을 방해하고자 사탄이 사용하는 세 번째 무기는 '의심'이다.

'하나님은 정말 나 같은 죄인에게도 말씀하실까?'

'하나님의 음성을 듣기에 나는 너무 평범하지 않을까?'

'하나님의 음성으로 믿고 일을 시작했다가 그게 아니었으면 어떻게 하지?'

'괜히 하나님의 음성이라고 말했다가 내가 다 책임져야 하는 거 아닐까?'

믿음의 반대말은 바로 의심이다. 하나님의 음성을 듣다 보면, 누구나 여러 가지 의심을 품는다. 우리가 의심하는 까닭은 모두 자기중심적으로 생각하기 때문이다.

양과 목자를 생각해 보라. 양은 자신의 목자를 본능적으로 안다. 그렇기 때문에 자기 목자의 음성이 아니면 아예 쫓아갈 생각조차 하지 않는다.

1981년 우리나라 대학가에 휴교령이 내려진 적이 있었다. 이에 예수전도단 리더들은 학교에 갈 수 없는 대학생들을 어떻게 섬겨야 할지, 하나님의 음성을 듣기 위해 모였다.

하나님은 대학생들을 모아 훈련시키고, 함께 기도하라고 말씀하셨다. 휴교령을 내릴 정도로 정부가 대학생들의 활동과 모임을 통제하던 시절에 그 음성은 너무나 터무니없는 것이었다. 게다가 우리는 사람들을 모아 훈련할 만한 준비도 되어 있지 않았다.

하지만 우리는 믿음으로 순종하며 대학생들의 모임을 시작했다. 이것이 바로 예수전도단 대학사역의 출발이었다. 예수전도단은 현재 수도권의 모든 대학과 지방의 여러 대학에서 훈련과 전도사역을 활발하게 펼치고 있다.

이뿐만이 아니다. PDTS(목회자 예수제자훈련학교)를 시작할 때도 그랬다. 처음 시작할 당시만 하더라도, 그 일이 잘 이루어질 거라고 믿는 사람은 매우 적었다.

"지역 교회 목회자들을 대상으로 하는 DTS가 열릴 수나 있겠습니까? 과연 몇 명이나 지원하겠습니까?"

게다가 당시에는 예수전도단 건물이 따로 없어서 장소를 임대해야 했는데, 지원자가 아직 많지 않아서 비용을 충당할 수가 없었다. 당시 PDTS 리더 중 하나였던 나는 하나님께 "하나님, PDTS를 꼭 열어야겠습니까?" 하고 몇 번이나 물었다. 그럴 때마다 주님은 "꼭 열어야 한다!"고 말씀하셨다.

결국 우리는 지원자가 몇 명이든 상관없이 반드시 학교를 시작하기로 결심하고 기도하기 시작했다. 그랬더니 지원자가 금세 늘어나서 마침내 PDTS를 시작할 수 있었다.

외국에서도 이런 일들이 많이 일어난다. 브라질 YWAM의 단기선교 팀이 겪은 이야기를 들려주겠다.

그들이 어디로 전도여행을 가야 할지 하나님의 음성을 들으려고 모였는데, 하나님이 아마존의 한 지역에 사는 부족에게 가라고 말씀하셨다. 그래서 사람들은 그 부족이 어디에 있는지 확인해 달라고 브라질 정부에 요청했는데, 그 지역에는 아무 부족도 살지 않는다는 회신을 받았다. 이에 팀 사람들은 다시 한 번 하나님의 음성을 듣기로 했는데, 하나님의 음성은 이전과 똑같았다. 그 팀은 결국 순종하는 마음으로 길을 떠났다. 나침반을 들고 무작정 밀림을 헤치며 그 지역으로 들어갔는데, 브라질 정부마저도 존재 여부를 몰랐던 한 부족을 마침내 발견하게 되어 그곳에 복음을 전했다.

단기선교 팀 이야기는 실제 이야기다. 사람들이 하나님의 음성을 놓고 의심하는 이유는 대개 하나님보다 더 중요하게 생각하는 그 무엇(예를 들면 자기 자신, 돈, 명예 등)이 있기 때문이다. 그리고 믿음이 부족하기 때문이다. 믿음이 부족하다는 것은 하나님 말씀을 가까이하지 않고 있으며, 그분의 음성을 듣지 않고 있었다는 증거다. 또한 믿음이 부족한 나를 사탄이 농락하고 있다는 증거이기도 하다. 사탄은 두려움과 혼돈, 의심을 사용하여, 하나님의 음성을 들으려는 사람들을 공격한다. 그러나 우리는 사탄의 이런 전략을 이미 모두 알고 있다. 따라서 우리는 사탄과 마귀의 궤계를 능히 대적할 수 있다. 다음의 말씀을 보라.

> 그런즉 너희는 하나님께 복종할지어다 마귀를 대적하라 그리하면 너희를 피하리라(약 4:7).

누가 대적하는 자이고, 누가 피하는 자인가? 하나님께 복종하는 사람은 사탄을 대적할 수 있고, 사탄은 그런 사람을 당해 내지 못하고 피하게 된다. 그런데 많은 사람이 이 진리를 거꾸로 안다. 사탄이 대적하고 우리가 피하는 것으로 말이다. 하지만 그것은 진리가 아니다. 우리가 대적하고 사탄이 피하는 것임을 기억하라!

사탄은 우리가 하나님의 음성을 듣지 못하도록, 어떻게 해서든 사력을 다해 방해할 것이다. 하나님의 음성을 듣고 순종하는 사람에게는 하나님의 역사가 일어난다. 사탄은 그 역사를 두려워한다. 그래서 기를 쓰고 우리를 속이고, 하나님의 음성을 듣지 못하게 방해하는 것이다. 하나님의 음성을 들을 때, 여러 가지 생각으로 혼란스럽게 하거나 딴생각이 들게 해서 집중하지 못하게 한다. 아니면 무슨 일이 생기게 만들어서 방해한다. 이상할 만큼 똑같은 패턴의 일이 발생하게 할 때도 있다. 그럴 때는 그 일이 사탄의 공격이 아닌지 분별해 볼 필요가 있다.

사탄에게 공격받고 있다는 생각이 들 때에는 먼저 하나님께 복종해야 한다. 그런 다음에 회개할 것은 없는지, 정결한 마음을 가졌는지, 하나님의 주인 되심을 인정하고 있는지 스스로 점검해 보아야 한다. 그런 다음에 마귀를 대적하면 된다. 하나님의 말씀과 십자가의 보혈, 그리스도의 이름, 어린양을 증거하는 말 등으로 대적하면 된다. 예를 들어, "예수 그리스도의 이름으로 명하노니 나를 속이는 사탄은 떠나갈지어다!"라거나 "예수 그리스도의 십자가 권세로 명하노니, 내게 겁을 줘서 하나님의 음성을 듣지 못하게 하는 것들은 다 떠나갈지어다!"라고 믿음으로 선포하라. 그러면 마귀가 떠나갈 것이다. 어떻게 그것을 확신하느냐고 묻고 싶은가? 하나님의 말씀에 기록되었기 때문이다. "그런즉 너희는 하나님께 복종할지어다 마귀를 대적하라 그리하면 너희를 피하리라"(약 4:7).

하나님께 복종하고 사탄을 대적하면, 그들은 결코 우리를 방해하거나 속일 수 없다. 우리가 대적하면, 사탄은 피할 수밖에 없다.

당신의 모든 것을 내려놓아라

하나님의 음성을 들으려면, 자신의 생각과 경험, 선입견을 내려놓아야 한다. 자신의 생각이나 의견에 하나님의 음성을 끼워 맞출 수 있기 때문이다.

실제로도, 하나님의 음성을 들을 때에 내려놓은 자기 생각과 주장이 다시 떠올라서 힘들어하는 사람이 많다. 일단 자신의 의지로 생각과 편견, 경험을 내려놓았다면, 진정으로 내려놓았음을 믿어라. 이것은 믿음의 결단이자 선포다. 그런데도 생각이나 의견이 자꾸 생각난다면, 하나님의 음성으로 받아들여도 무방할 것이다. 하나님의 생각과 내 생각이 반드시 다른 것은 아니기 때문이다.

또한 반대의 경우도 있다. 내 편견과 생각을 내려놓았을 때, 하나님이 전혀 다른 깨달음으로 말씀하실 때가 있다. 제3의 대안을 알려 주실 수도 있다는 것이다. 특히, 말씀을 묵상하면서 하나님의 음성을 들을 때에 그렇다. 머릿속의 성경 지식들이 편견으로 작용할 때가 많다. '이거 그 말씀이네! 지난 번 목사님 설교 때 들었던 내용이야.'

전에 한 번 설교를 들었거나 배운 말씀이라고 해서 다 아는 것처럼 생각한다. 자꾸 그러다 보면 그 말씀 속에서 하나님을 만나지 못하게 된다. 그러므로 말씀을 통해 하나님의 음성을 들을 때는 자신의 경험과 지식까지도 십자가 앞에 내려놓아야 한다.

어느 날 아침에, 마태복음 3장에서 세례 요한이 바리새인과 서기관들에게 '독사의 자식들아'라고 크게 꾸짖는 장면을 묵상한 적이 있었다. 본문을 읽는데 자꾸만 '다 아는 구절인데, 재미없는데, 별 것 없는데' 하는 생각이 들었다. 그러다 선입관이 내 묵상을 방해하고 있음을 깨달은 나는 즉시 그 말씀에 대해 내가 아는 모든 지식을 내려놓고 기도했다.

"주님, 이 말씀으로 설교한 적도 있지만, 이 시간에는 이 말씀에 대한 제 모든 편견을 내려놓겠습니다. 전부 다 안다고 생각하는 교만을 회개합니다. 이 말씀에서 주님을 새롭게 만나고 싶습니다. 저에게 말씀하시옵소서."

이렇게 기도한 뒤에 본문을 천천히 읽으면서 관찰하고 묵상하며 하나님의 음성에 귀 기울이기 시작했다. 그때 '하나님은 왜 세례 요한을 통해 바리새인들과 사두개인들에게 독사의 자식이라고 야단치셨나요?' 하는 질문이 떠올랐다. 그러자 갑자기 '그들을 사랑해서 그렇게 했다'라는 하나님의 음성이 느껴졌다. 그것은 평소 내가 그 본문에 대해 가지고 있던 지식이나 생각과는 전혀 다른 것이었다. '사랑한다면서 어떻게 독사의 자식이라고 부를 수 있을까?'라는 의구심이 드는 와중에 하나님이 계속 말씀하셨다.

"독사의 자식이라는 꾸지람에는 너의 생각과 다른 의미가 들어 있다. 바로 '너희는 내 자식인데, 왜 자꾸만 독사(사탄)의 이야기만 듣고 있느냐? 혹시 독사를 너희 아버지라고 착각하는 건 아니냐?'라는 내 안타까운 사랑이 담겨 있다. 나는 그들이 알아들을 수 있도록 그렇게 말한 것뿐이다."

이 말씀은 하나님의 속상하고 안타까운 마음이 담긴 것으로, "너희 아버지는 나인데, 왜 못 알아보느냐"라는 뜻의 메시지였다. 그날 아침, 나는 그 말씀을 통해 여태껏 알지 못했던 것, 이스라엘 백성을 향한 하나님의 사랑을 느낄 수 있었다.

마태복음 3장 9절을 보면, 예수님이 "하나님은 능히 이 돌들도 그리스도인의 자손이 되게 할 수 있다"라고 말씀하셨다. 그러나 하나님이 정말 그 말씀대로, 돌로 자손을 만드셨다는 기록은 없다. 돌은 돌로 놔두셨다.

왜 돌로 자손을 만들지 않으셨을까? 이스라엘 사람들 때문이었다. 돌멩이로 새로운 자손을 만들 수도 있었지만, 그렇게 하지 않고 그냥 기다리셨다. 이스라엘 사람들을 기다리며 긍휼과 은혜를 베푸셨다. 나는 내 성경 지식과 편견을 내려놓을 수 있었던, 그날 아침의 묵상을 결코 잊을 수 없다.

당신도 하나님의 음성을 온전히 듣고 싶다면, 자기 것을 모두 내려놓아라!

성령님의 도움을 구하라

인간의 힘으로 하나님을 알기란 불가능하다. 그래서 우리에겐 성령님의 도움이 필요하다. 그래서 예수님도 이렇게 말씀하셨다.

그러나 내가 너희에게 실상을 말하노니 내가 떠나가는 것이 너희에게 유익이라 내가 떠나가지 아니하면 보혜사가 너희에게로 오시지 아니할 것이요 가면 내가 그를 너희에게로 보내리니(요 16:7).

사도와 함께 모이사 그들에게 분부하여 이르시되 예루살렘을 떠나지 말고 내게서 들은 바 아버지께서 약속하신 것을 기다리라 요한은 물로 세례를 베풀었으나 너희는 몇 날이 못 되어 성령으로 세례를 받으리라 하셨느니라(행 1:4-5).

보혜사 성령님은 영원히 우리와 함께하고 가르치며 말씀을 생각나게 하셔서 하나님의 음성을 듣게 하신다(요 14:16, 26). 그러므로 하나님의 음성을 들으려면, 이렇게 기도해야 한다. "성령님, 저는 귀가 어두운 사람이라 잘 알아듣지 못합니다. 제가 하나님의 음성을 듣도록 도와주세요. 제가 주의 뜻 안에서 살아갈 수 있게 말씀해 주세요."

하나님의 음성을 듣기 위한 외적 요소

장소

하나님의 음성을 듣기 위한 특별한 장소가 따로 있는 것은 아니다. 하나님은 언제 어디서나 우리와 함께하는, 무소부재한 분이시기 때문이다.

성도가 함께 모여 예배할 때에는, 예배 장소가 바로 하나님의 음성을 듣는 곳이다. 많은 사람이 모인 곳에서 하나님의 음성을 듣는다면, 철저하게 하나님과 단 둘이 있는 것처럼 집중하라. 그래야 하나님의 음성을 잘 들을 수 있다. 다른 사람을 의식하거나 다른 것에 신경 쓰면, 하나님의 음성을 듣기가 매우 어려울 것이다.

하나님과 개인적으로 만나서 교제하는 데 가장 좋은 장소는 홀로 조용히 머물 수 있는 곳이다. 예수님도 묵상하거나 기도하실 때면 사람이 많은 곳을 피해 한적한 곳으로 가셨다(눅 4:42). 묵상을 하거나 하나님 앞에 홀로 앉아 있고 싶다면, 여러 사람이 모인 곳이나 해야 할 일이 널린 곳을 피하라. 그런 곳에서는 보이지 않는 하나님보다 보이는 것들에 본능적으로 신경을 더 쓰게 되기 때문에 방해받을 소지가 높다.

시간

하나님은 어느 때든지 말씀하신다. 새벽에도, 낮에도, 저녁에도, 한밤중에도 말씀하실 수 있다. 하지만 하나님의 음성을 듣기에 가장 좋은 때는 말씀 묵상(QT)과 중보기도 시간이라고 생각한다.

묵상은 아침에 일어나자마자 하는 게 좋다. 아침 묵상은 일어나자마자 제일 먼저 하나님을 찾는다는 의미도 있지만, 세상의 소리와 다른 사람의 소리가 차단된 아침에 먼저 자신의 생각을 하나님 앞에 내려놓는 것이 유익하기 때문이다. 예수님을 비롯한 많은 믿음의 선배들도 아침에 말씀을 묵상했다.

하지만 꼭 새벽에만 하나님의 말씀을 묵상해야 하는 것은 아니다. 아침 시간에 하기가 어렵다면, 하루 일과를 마친 후에 해도 무방하다. 다만 상황에 따라 시간을 자주 바꾸면, 얼마 지나지 않아 하나님 앞에 나아가는 것 자체를 포기하게 될 확률이 높다. 따라서 가능한 한 시간을 정해 놓고 규칙적으로 꾸준히 훈련하는 게 좋다. 뿐만 아니라 일상생활의 자투리 시간이나 쉬는 시간에는 크고 작은 모든 일들에 대해 하나님께 질문하고 들어보는 것도 좋다.

방법

다음 장에서도 설명하겠지만, 하나님의 음성을 듣는 데 '방법'은 그리 중요하지 않다. 오히려 '방법에 매이지 않는 것'이 가장 좋은 방법이라고 말하고 싶다. 어떤 방법을 사용하느냐보다 어떤 상태인지가 더 중요하기 때문이다.

예수전도단에서 가르치는, 하나님의 음성을 듣는 열두 가지 원칙

1. 먼저 하나님이 모든 것을 다스리는 분이심을 인정하며 고백하라. 그리고 사탄이 하나님의 음성 듣는 것을 방해하지 못하도록 대적하며 기도한 뒤, 마음속으로 하나님께 질문하고 잠잠히 기다려라.

2. 나의 방법이 아니라 하나님의 방법으로 말씀하시도록, 순종하는 마음으로 귀 기울여라.

3. 떠오르는 죄나 허물이 있다면, 즉시 회개하라. 하나님의 뜻을 분별하는 일에서 정결한 마음은 필수다.

4. 방향을 잃어버렸다고 생각할 때는 '도끼머리 원칙'을 사용하라. 가장 마지막으로 하나님의 음성을 들었다고 생각하는 지점으로 돌아가 거기서 다시 하나님의 뜻을 구하는 것이다(왕하 6:1-7).

5. 하나님은 당신의 문제를 당신에게 직접 말씀하신다. 자기 자신에 대한 하나님의 음성을 들을 때, 다른 사람을 전적으로 의지해서는 안 된다.

6. 하나님이 허락하시거나 그 일을 이루시기 전에는, 가능하면 당신이 들은 하나님의 음성을 다른 사람과 나누지 마라.

7. 동방박사들은 각자 별을 따라가다 아기 예수를 만났다. 하나님은 당신에게 말씀하신 내용을, 당신 주변의 성숙한 그리스도인들을 통해 확인해 주실 수도 있다.

8. 사탄의 속임수를 조심하라. 하나님의 음성이라고 생각하

는 것이 성경의 정신과 원칙을 따르고 있는지 꼭 점검하라.
9. 하나님의 음성은 상식과는 정반대로 나타날 수도 있다. 사람들의 반대를 통해서 말씀하실 때도 있고, 현재의 직분과 권한을 내려놓으라고 말씀하실 때도 있다.
10. 하나님의 음성은 그분의 부르심에 더 가까이 가도록 우리를 이끌 것이다. 예수님의 제자들도 그렇게 각자의 독특한 사역을 감당하게 되었다.
11. 하나님의 음성은 들으면 들을수록 더 잘 들린다. 친한 친구가 전화를 걸면, 자신이 누구인지 밝히기도 전에 목소리만으로도 누구인지 알 수 있듯이 말이다.
12. 무엇보다 하나님과의 친밀한 관계를 사모하며 그분의 인도하심을 구하라. 하나님의 음성에 순종하다 보면, 하나님을 알아 가는 삶을 저절로 살게 될 것이다.

일상생활 속에서 하나님의 음성을 듣는 방법

나는 아침에 일어나자마자 성경을 묵상하면서 하나님의 음성을 듣는다. 말씀 속에서 하나님이 어떤 분이신지 깨닫고, 머리가 아니라 심령으로 말씀을 체험할 수 있도록 하나님께 귀 기울인다. 그런 후에는 그날 해야 할 일들, 즉 사역이나 회의, 상담, 인터뷰 등을 어떻게 해야 좋을지 하나님께 묻고 듣는다.

사무실에 출근하면, 동역자들과 함께 예배하면서 하나님이 예배 가운데 주시는 말씀을 듣는다. 특별히 나는 다른 사람들과 함께 예배하는 중에 하나님의 음성을 자주 듣는다. 그래서 나는 예배 시간에 하나님의 음성을 깊이 들으려 귀 기울인다. 하나님은 부르던 찬양을 통해, 말씀이나 설교를 통해, 어떤 경우에는 다른 사람의 기도 내용을 통해서도 말씀하신다.

내가 예배 시간 다음으로 하나님의 음성을 듣는 시간은 중보기도 시간이다. 예수전도단은 중보기도 대상을 임의로 정하기보다는 하나님의 음성을 듣고 정할 때가 많다. 우리나라인지 다른 나라인지, 어느 나라의 어느 민족인지, 어떤 문제인지 등 구체적인 기도 내용을 구하는 한편, 그 문제에 대한 하나님의 마음을 묻기도 한다.

그밖에도 신앙서적을 비롯한 책을 읽다가 우연히 그분의 음성을 듣기도 한다. 사역이 잘 안 풀리거나 까닭 모를 불안감과 두려움이 생기면, 하나님 앞에 나가서 듣는 시간을 갖기도 한다. 나의 죄에 원인이 있었다면 곧바로 회개하고, 싸워야 할 시험이라면 하나님께 새 힘을 공급해 달라고 간구한다. 나는 이러한 과정을 통해, 하나님의 한마디로 모든 문제가 해결되는 것을 셀 수 없을 만큼 자주 경험했다.

하나님의 음성 듣기 실습

지금까지의 내용을 정리해 보면, 하나님의 음성을 듣는 데는 여섯 가지가 필요하다.

1. 믿음
2. 정결한 마음
3. 순종하는 마음
4. 사탄을 대적
5. 자기 것 내려놓기
6. 성령님의 도움

하나님의 음성을 듣거나 묵상 또는 중보기도를 시작할 때, 이 여섯 가지를 한 문장 혹은 여러 문장으로 나눠 기도하라. 그러한 기도의 예를 하나 들어보겠다.

"주님, 주님의 음성을 듣는 데 방해가 되는, 고백하지 않은 죄가 있다면 가르쳐 주옵소서. 주님이 말씀하시는 대로 순종하겠습니다. 주의 뜻대로 행하겠습니다. 주의 음성 듣기를 방해하는 사탄의 세력들아! 예수 그리스도의 이름으로 명하노니 내게서 떠나갈지어다. 주님, 제 모든 생각을 내려놓고 십자가에 못 박습니다. 성령님, 제 안에 충만하게 임하셔서 말씀하시옵소서."

이렇게 기도했으면, 다음과 같이 하나님께 질문하라.

"하나님, 이것을 통해 제가 무엇을 배우기 바라십니까?"

"하나님, 제가 이 일을 어떻게 하기 원하십니까?"

이제 해야 할 일은 하나뿐이다. 잠잠히 기다리는 것이다. 그러면 하나님이 놀라운 일을 행하기 시작하실 것이다.

태도

하나님의 음성 듣기를 매우 사모한 나머지, 사생결단의 태도로 음성 듣기에 임하는 사람들을 종종 본다. 그런 사람들은 대개 하나님의 음성을 듣지 못하면, 실망하고 낙심하여 '하나님은 나의 목자가 되셔서 나를 사랑하시고 늘 함께하신다'는 근본 믿음까지 흔들리게 된다. 하나님의 음성을 사모하는 마음은 매우 귀하지만, 이런 태도는 바람직하지 않다. 내가 원하는 때와 방법으로 하나님이 응답하시기를 고집해서는 절대 안 된다. 하나님이 내 주인이심을 철저히 인정하고 말씀하시는 대로 듣겠다는 태도를 길러야 한다. 하나님은 하나님의 때에 반드시 말씀하신다. 문제는 기다리지 못하고 성급하게 행동하는 우리다.

예수전도단 간사들이 훈련과 사역을 통해 배운, 백만 불짜리 질문은 이것이다.

"하나님, 지금 이 상황을 통해 제게 무엇을 가르치고자 하십니까?"

이 질문의 답만 얻을 수 있다면, 아무리 오래 기다린다고 해도 결코 조급하지 않다는 여유를 가져야 한다.

준비물

YWAM의 DNA로 불리는 DTS 과정은 '하나님의 음성을 듣는 삶'이 기초이자 핵심인 훈련이다. 묵상 시간에는 아무 자료

없이 성경책과 노트만 달랑 놓고 하나님의 음성을 듣게 하고, 중보기도 시간에는 기도 대상과 구체적인 제목까지 하나님이 들려주시는 대로 한다. 강의 시간에도 하나님의 음성 듣는 일이 이루어진다. 잡지와 신문 등 다양한 자료를 자르고 오려 붙이는 '저널'(journal) 활동을 통해, 하나님이 주신 말씀을 요약, 정리하여 창의적으로 표현하게 하는 것이다. 훈련 중에 읽어야 할 필독서도 여러 권 있는데, 책을 통해 하나님이 말씀하신 것을 각각의 책마다 정리하여 보고서로 제출하게 한다.

이처럼 하나님의 음성을 들으면, 깨달은 바가 무엇인지 기록해 두는 것이 좋다. 묵상 노트나 중보기도 노트가 그 좋은 예라고 할 수 있겠다. 또한 반드시 성경을 곁에 놓아야 한다. 그래서 하나님의 음성을 들으면 언제든 펼쳐서 들은 내용을 확인해야 한다. 혹시 책상에 앉아서 하나님의 음성을 들으려고 한다면, 주변을 잘 정리하라. 주위가 어수선하지 않아야 하나님께 더 잘 집중할 수 있다.

신뢰할 수 있는 멘토(조언자)

YWAM의 모든 양육프로그램은 '열방대학'(University of the Nations)이라는 이름의 대학교 체제로 짜여 있다. 그래서 모든 훈련 과정이 각각의 커리큘럼에 따라 진행되며, 학점도 철저하게 관리한다. YWAM은 밑천 없고 가방끈 짧은 간사가 수두룩한, 자비량 선교단체라는 것을 아는 이들은 YWAM이 어떻게 열방대학이라는 대학교를 세울 수 있었는지 궁금해 한다.

열방대학은 YWAM 설립자인 로렌 커닝햄 목사가 하나님께 들은 음성에서부터 시작되었다. 하나님은 이렇게 말씀하셨다. "너희가 대학교를 세우게 될 것이다."

그 후 하나님은 당시 미국의 가장 저명한 물리학자이자 대학 교수였던 하워드 맘스타드 박사에게 동일한 말씀을 주셨다. "YWAM과 로렌 커닝햄을 도와서 대학교를 세워라."

결국 두 사람은 함께 만나게 되고, 자신이 들은 것이 하나님의 음성이었음을 확인한다. 그리고 함께 열방대학을 일으켰다. 두 사람은 함께 하나님의 음성을 들으며, 수많은 위기를 헤쳐 나갔다. 열방대학의 모체인 하와이 코나 캠퍼스는 서로 하나님의 음성을 듣고 분별하고 적용하도록 도왔던 두 사람에 의해 탄생했다.

이처럼 하나님의 음성을 듣는 사람은, 자신을 가르쳐 주고 이끌어 줄 수 있는 멘토를 두는 것이 좋다. 멘토는 하나님의 음성을 함께 듣고, 들은 내용이 성경의 진리에서 벗어나지 않았는지 점검해 주고 함께 분별할 수 있어야 한다. 하지만 자신이 들어야 할 것을 멘토가 대신 듣게 한다든지, 하나님보다 멘토에게 먼저 달려가서는 안 된다.

나는 멘토의 지나친 간섭과 집착 때문에 영적 성장에 방해를 받고, 범죄에까지 이른 경우를 여러 번 보았다. 멘토가 선교단체에 있는 경우에는 '영적 아비'로서 검증된 사람이어야 하며, 지역 교회인 경우에는 교회 안에 그가 맺은 열매가 있고 목회자가 추천하는 사람이어야 한다. 그리고 멘티(조언을 받는 사람)는, 필요와 상황에 따라 멘토를 바꿀 수 있도록 영적 지도자들에게 도움을 요청할 수 있어야 한다.

들은 내용을 함께 분별하고 검증해 줄 공동체

초교파 선교단체에서 일하는 덕분에 나는 다양한 교단과 단체의 사람들을 만날 수 있다. 그러면서 나는 모든 교단과 단체가 하나님의 음성을 듣는 일에 열려 있는 것은 아니라는 사실을 알게 되었다. 신앙의 강조점이 다른 단체나 교단은 얼마든지 있을 수 있다. 오히려 그것은 자연스러운 일이다. 그러므로 공동체 안에서 자신이 들은 내용을 검증받고 분별하기 원한다면, 현재 출석하고 있거나 출석을 고려하고 있는 교회나 신앙 공동체의 성향과 스타일을 먼저 잘 살펴보아야 한다.

DTS는 3개월의 강의 기간 이후에 국내외를 여행하며 복음을 전하는 전도여행(outreach)을 3개월 정도 갖는다. 이때 행선지와 사역 내용은 각 팀별로 하나님께 묻고 들은 후 결정하며, 하나님이 묵상과 사역 가운데 말씀하신 것들을 날마다 나눈다. 이런 시간을 통해 공동체가 함께 하나님의 음성을 듣고 분별할 수 있으며, 개인이 주관적인 해석과 선입관에 빠지지 않도록 버팀목이 되어 준다.

나도 예수전도단 전체가 힘을 모아 선교에서 중요한 한

나라를 방문하여 섬기라는 하나님의 음성을 들은 적이 있다. 당시 나는 대표로서 모든 지부장과 사역책임자가 모인 NLT(National Leadership Team)에서 함께 기도하고 주님의 음성을 들은 뒤, 하나님의 뜻에 순종하기로 결정하게 되었다. 덕분에 그 나라에서 하나님이 우리를 통해 받으신 찬양과 기도는 지금까지 잊을 수 없는 감격으로 남아 있다.

이 부분은 다음 장에서 더 자세히 살펴보도록 하자.

6.
하나님의 뜻, 이렇게 분별하라

어떤 하나님을 믿고 있는가?

YWAM은 전세계 여러 나라에 지부를 둔 선교단체여서 다양한 인종과 문화를 가진 YWAM 사역자들의 회의나 모임을 자주 개최한다. 이럴 때 종종 특정한 문제를 나누고 함께 하나님의 음성을 듣다. 잠잠히 하나님의 음성을 들은 뒤에, 한 사람씩 하나님이 말씀하신 바를 나누는 시간을 갖는다.

국제적인 행사가 다 그렇듯, YWAM의 국제회의도 영어가 공용어다. 솔직히 말해서, 나는 대화를 시작한 지 30분만 지나면 할 말이 바닥나는 '제한 시간 30분'의 접대 영어를 하기 때문에 회의의 모든 말을 알아듣지는 못한다. 그래서 나는 나름대로의 생존전략을 터득했다. 처음 나오는 단어들인 주어와 동사를 확실하게 듣고, 그 다음에 들리는 단어를 대강 엮어서 그 의미를 파악하는 것이다.

그런데 하나님의 음성을 듣고 나눌 때, 나는 깜짝 놀라지 않을 수 없었다. 영어권에서 온 YWAM 사역자들의 말을 들어보니 거의 대부분이 "God says…"(하나님이 말씀하시기를…)라는 표현을 아무렇지도 않게 사용하는 것이 아닌가. "I think…"(내 생각에는…)라는 표현으로 말을 시작하는 나에게 그들의 모습은 큰 충격이었다.

처음에 나는 하나님의 음성을 제대로 들었는지 확신하지 못했고, 그대로 이루어지지 않을까 하는 걱정이 들기도 해서 "하나님이 말씀하셨다"라고 표현하기가 무척 부담스러웠다. 그런데 나보다 나이도 어리고 신앙 연수와 사역 연륜도 짧은 데다 성경도 잘 모르는 것 같은 사람들이 아무렇지 않게 "하나님이 말씀하셨다"라면서 들은 바를 술술 나누는 걸 보고 있노라면, 속에서 울화가 치밀어 올랐다. 더 황당한 것은, 나도 들었으나 주저하다 차마 말하지 못한 '그 이야기'를 다른 사람은 버젓이 나눈다는 데에 있었다. 그러면 나는 마치 내가 해야 할 말을 남에게 빼앗긴 것 같아 속이 상했고, '왜 나는 항상 하나님의 음성을 듣고 갈등할까, 왜 나에겐 자신감이 없을까' 하고 생각하며 무척이나 아쉬워했다.

더욱 놀라운 사실은 서구권 국가들의 DTS에는 '하나님의 음성을 듣는 삶'이란 강의가 아예 없다는 것이다. 하지만 우리나라의 DTS나 외국에서 열리는 한국인 DTS는 이 주제에 대한 강의를 첫째주나 둘째주에 필수적으로 한다. 그럼에도 서구인들은 "하나님이 말씀하셨다"라고 거침없이 이야기하고, 우리는 빼고 빼다가 마지못해 "내 생각엔…, 내 느낌엔…"이라며 겨우 입을 연다. 도대체 왜 그럴까?

그것은 서구 사람으로서 예수 믿는 것과 한국인으로서 예수 믿는 것이 하늘과 땅 차이처럼 서로 전혀 다른 문제이기 때문이다. 같은 하나님을 믿지만, 한국의 그리스도인과 서구의 그리스도인이 지닌 하나님의 이미지는 서로 다르다. 각자가 지닌 '세계관'을 기초로 하나님을 믿고, 그분의 성품을 이해하는 것이다.

당신 안에 있는 하나님의 이미지를 점검하라

그리스도인이든 아니든 대부분 서구 사람의 의식구조 안에는 '기독교적 신관'이 깔려 있다. 겉보기에 서구 문화는 타락하고 방종한 듯 보이지만, 아직도 그 바탕에는 기독교적 신관이 있다. 하지만 동남아시아권 그리스도인들의 의식에는 '샤머니즘'(무속신앙)이 깔려 있다. 두 개의 신관은 매우 다르다. 이들은 하나님에 대한 이미지뿐만 아니라 '하나님의 음성을 어떻게 이해하고 받아들이느냐'에도 영향을 미친다.

관계인가, 신내림인가?

기독교적 신관은 '주님이 내 안에 계신다'는 것을 하나님과 우리가 '관계'(사귐, 교제) 맺는다는 의미로 이해한다. 부모와 자식 사이처럼 인격적인 교제를 맺고, 살아 계신 하나님이 나의 인격과 선택과 의지를 존중하신다는 의미다. 그 덕에 하나님과 나는 서로 사랑할 수 있고, 관계가 더 깊어질 수 있다. 한마디로 하나님과 나의 공존(共存)이 가능하다는 얘기다.

하지만 샤머니즘의 영향을 받는 사람은 '마음속에 계신 하나님'을 TV 코미디 프로그램의 유행어인 '그분이 오셨어요!' 같은 개념으로 생각한다. 하나님의 임재를 '접신'이나 '빙의', '신내림' 같은 것으로 오해하는 것이다. 그분, 즉 신이 오시면, 그 사람의 인격과 선택, 의지는 순식간에 사라지고 신의 의지와 뜻이 그를 점령한다. 그래서 '그분을 맞아들인' 사람은 더 이상 본인으로 살아갈 수 없고, 신령하고 신비한 인물로 변신하여 이전과는 다른 삶을 살게 된다. 이렇게 샤머니즘 안에는 인격적인 존중이 없다.

소위 '용하다고' 알려진 점쟁이나 무당이, 자신의 성별과 상관없이 모시는 신에 따라 남자나 여자처럼 연기하듯 말하고 행동하는 것은 그 때문이다. 샤머니즘의 '그분'은 사람과 결코 공존할 수 없다. 사람이 일방적으로 점령당해야 한다.

그래서 모든 샤머니즘은 철저하게 '신비주의'로 흘러간다. 신기하고 놀라운 현상이 일어나야 '신적'이라고 믿는다. 신기한 것이 없으면, 결코 신의 음성이 아니다. 신비로운 뭔가가 있어야 한다.

그리스도인이라고 해도 이러한 샤머니즘적 사고가 밑에 깔린 사람은 '하나님(혹은 신)의 음성을 듣는다'는 의미를 완전히 다른 쪽으로 해석하고 만다.

대화와 천명

기독교적 신관에서 하나님의 음성은, 사랑의 관계에 기초한 커뮤니케이션 수단이다. 질문과 대답을 주고받을 수 있는 '쌍방 커뮤니케이션'이다. 일상생활의 대화처럼, 특별한 절차나 규칙 없이 언제 어디서나 자연스럽게 이야기를 나눌 수 있다. YWAM의 국제회의에서 만난 서구 사역자들이 아무렇지 않게 "God says…"라고 말할 수 있었던 것도 모두 이런 신관을 소유한 덕분이었다.

하지만 샤머니즘의 관점은 이를 정반대로 이해한다. 하나님의 음성은 대화(對話)가 아니다. 전적으로 복종해야 하는 명령, 즉 천명(天命)이다. 샤머니즘의 신은 자신의 말에 복종하지 않는 사람을 미워하고, 심지어 앙갚음한다. 그런 신을 믿는 사람이라면, 늘 신의 눈치를 보며 공포와 불안 속에서 살아갈 수밖에 없다.

그래서 샤머니즘의 영향을 받은 사람들은 '하나님의 음성'을 부담스러워하고 두려워한다. 사람의 이성과 인간성을 일방적으로 빼앗고 점령하는 신이 누군가를 기다리고 참고 용서해 줄 리 없다고 생각하는 것이다. 그러니 제물을 바치고 정성을 보여서, 신을 달래려고 노력한다. 샤머니즘과 관련된 의식들의 준비 기간이 오래 걸리고 절차도 많으며 복잡한 것은 다 그 때문이다. 그분이 오셔서 나를 점령하고 내 대신에 이야기해 주실 때까지, 그분을 달래고 만족시키기 위한 많은 의식과 절차를 거쳐야 한다. 이렇게 샤머니즘의 영향을 받은 사람은 대부분 신의 임재, 혹은 신과의 대화를 두려워하고 어렵게 생각한다.

진리와 신비

기독교적 신관에서 하나님의 음성을 분별하는 가장 정확한 기준은, 하나님이 주신 진리의 말씀인 '성경'이다. 당신이 기독교적 신관을 가졌다면, 하나님의 음성을 들었을 때 제일 먼저 이렇게 질문해야 한다. "이것이 성경적인가?"

하나님은 절대 진리인 성경을 기초로 말씀하신다. 그러므로 성경의 정신과 가치, 성경에 기록된 하나님의 성품에 위배되는 것은 하나님의 음성이 아니다. 그래서 하나님의 음성을 듣기 원하는 사람은 성경책을 꼭 가까이해야 한다.

그러나 샤머니즘에는 절대적인 진리가 없다. 오직 '신비한가, 아닌가'로만 판단한다. 그래서 이런 생각을 가진 사람은, 하나님이 환상이나 환청 같은 신비한 방법이 아닌 다른 형태로 말씀하시면 혼란에 빠진다. 무당들이 날이 시퍼렇게 선 작두 위에서 춤을 추거나 다른 신비한 능력을 과시하는 것은 모두, 자신의 신적 권위를 증명하려는 '쌩쇼'(!)에 지나지 않는다.

하나님의 음성을 들을 때마다 '내 생각인가, 하나님의 음성인가'라는 초보적인 질문을 벗어나지 못하고 있다면, 당신 마음속에 지닌 하나님의 이미지가 어떤지 다시 한 번 점검해 보라. 당신의 의식에 남아 있는 샤머니즘이, 당신도 모르는 사이에 신비주의와 하나님의 음성을 결부시켜 생각하게 만들 수 있기 때문이다.

상태와 방법

기독교적 신관에서 하나님의 음성을 들을 때 가장 중요한 것은 그 음성을 들을 사람의 상태다. 즉 '나와 하나님은 얼마나 친밀한가?'이다. 따라서 하나님의 음성을 듣기 위해 가장 신경 써야 할 부분은, 심령 상태와 삶의 모습을 돌아보고 죄를 회개하여 거룩함을 지키는 것이다.

하지만 샤머니즘은 '방법'에만 몰두한다. 듣는 사람의 삶이나 심령 상태와는 상관없이, 신비주의적인 요소의 유무에만 매달린다. '내 생각인가, 하나님의 음성인가'를 고민하는 사람들은 대개 '하나님이 이런 방법으로 말씀해 주셨으면 좋겠다'는, 나름대로 희망하는 방식이 있다. 그리고 그 방법들은 대부분 신비한 요소를 갖고 있다. 그래서 하나님이 자기가 원하는 신비한 방식으로 말씀하시면, 빠르고 정확하게 알아들을 수 있을 거라고 생각한다.

앞서도 말했지만, 이러한 이해와 생각은 성경의 진리에 어긋난다. 모두 철저히 샤머니즘에서 나온 것들이다.

지금까지 살펴본 내용을 표로 정리하면, 다음과 같다.

	기독교적 세계관	샤머니즘적 세계관
신관	사귐	점령
	인격적	비인격적
	공존(어우러짐) 가능	공존 불가능(신의 존재가 절대 우위)
	사랑	두려움
	닮아 가고 자라고 성숙케 된다	단 한 번에 완성된다
	회개하면 하나님이 돌이키신다	달래야 신이 돌이킨다

	기독교적 세계관	샤머니즘적 세계관
음성 듣기	대화(커뮤니케이션)	천명
	자연스러운 대화(평범, 일상적)	복잡한 과정
	대화 가능	대화가 아닌 명령
	자유의지, 선택 가능	절대 복종
	상태가 중요	방법이 중요
	일상적	초월적
	말씀 추구	신비 추구

하나님이 말씀하시는 원칙에 들어맞는가?

성경을 읽어 보면, 하나님이 여러 가지 방법으로 말씀하시는 것을 발견하게 된다. 하나님은 왜 그렇게 다양한 방법으로 말씀하시는 걸까? 우리가 서로 얼굴을 마주보고 대화하는 것처럼, 하나님도 그렇게 말씀하시면 얼마나 좋을까? 옛날 선지자들과 모세, 엘리야에게 나타나셨던 것처럼 말이다.

그런데 과연 하나님이 그렇게 해보신 적이 없었을까?

하나님이 아니라 우리의 문제다

출애굽기 19장과 20장에는 이집트를 탈출한 모세와 이스라엘 백성들 앞에 하나님이 임하시는 장면이 기록되어 있다.

> 뭇 백성이 우뢰와 번개와 나팔 소리와 산의 연기를 본지라 그들이 볼 때에 떨며 멀리 서서 모세에게 이르되 당신이 우리에게 말씀하소서 우리가 들으리이다 하나님이 우리에게 말씀하시지 말게 하소서 우리가 죽을까 하나이다(출 20:18-19).

하나님은 이스라엘 백성이 자신의 소유임을 나타내는 징표인 십계명을 주고자 백성을 찾아오셨다. 그런데 예상치 못한 문제가 발생한다. 하나님이 임하실 때 우뢰와 번개, 나팔소리, 온 산에 가득 찬 연기 같은 초자연적인 현상들이 나타났는데,

이스라엘 백성이 그만 큰 충격을 받고 두려움에 빠져 버린 것이다. 전능하고 거룩한 온 우주의 창조주 하나님이 피조 세계에 임하시는 바람에 일어난 '현상'일 뿐이었는데, 이스라엘 백성은 모세를 찾아가 하나님이 다시는 자기들 앞에 직접 나타나지 않게 해 달라고 부탁한다.

신랑이 신부에게 다가가듯 자기 백성을 찾아가신 하나님을 그토록 두려워한 이유는 무엇일까? 바로 죄 때문이었다. 거룩하신 하나님의 임재 앞에서 자신들의 죄악과 죄성이 너무나 적나라하게 드러나자, 도저히 하나님을 대면할 수 없었다. 경건한 믿음의 사람들을 만날 때에도 이와 비슷한 충격을 받게 되는데, 하물며 그분이 직접 나타나셨으니 백성 전체가 죄의식과 두려움에 빠진 것도 어쩌면 당연한 일인지 모르겠다.

유대인들이 간음하다 붙잡힌 여인을 예수님 앞에 끌고 왔을 때에도 이런 일이 일어났다(요 8:3-9). 율법에 따라, 간음한 여인을 돌로 때려죽이는 행위는 유대인들 삶의 일부였을 것이다. 오히려 그들은 이것이 하나님을 위한 일이라고 자부했다. 그래서 사람을 아무렇지 않게 돌로 쳐 죽였다.

그런데 이때는 왜 당연한 듯 여인을 죽이지 않고 뿔뿔이 흩어져 버렸을까? 다른 때와 달리, 죄 없으신 분이 그들 앞에 서 계셨기 때문이다. 그래서 사람들은 죄인들끼리 있을 때는 의식하지 못했던 자신의 죄를 발견했다. 거룩한 분이 "죄 없는 자가 먼저 돌로 치라"고 말씀하시자 크게 충격을 받고 두려움을 느낀 것이다(요 8:7). 결국 모든 사람이 양심의 찔림을 받고 흩어져 버렸다.

사랑하기 때문에 한 걸음 물러서시다

하나님은 우리가 죄악과 죄성으로 오염되었다는 것을 아신다. 하나님과 마주 설 수 없는 존재이기 때문에, 그분의 임재 가운데 들어가면 우리에게 큰 문제가 생긴다는 것도 아신다. 하나님이 우리 앞에 나타나 직접 말씀하지 않으시는 건 모두 그 때문이다.

그렇다고 우리를 향한 그분의 사랑까지 멀어진 것은 아니다. 사랑한다는 이유로, 비전과 진로를 의논하고 함께 만나 교제하던 것을 그만둘 수 있을까? 그렇지 않다. 우리를 향한 하나님의 사랑은 결코 약해지거나 멈추거나 끊어지지 않는다.

> 내가 확신하노니 사망이나 생명이나 천사들이나 권세자들이나 현재 일이나 장래 일이나 능력이나 높음이나 깊음이나 다른 아무 피조물이라도 우리를 우리 주 그리스도 예수 안에 있는 하나님의 사랑에서 끊을 수 없으리라(롬 8:38-39).

하나님은 그분과의 대면을 감당하지 못하는 우리에게 직접 말씀하는 대신에, 때와 상황, 조건에 따라 다양한 방법을 선택하여 음성을 들려주고 뜻을 계시하신다. 그러므로 이제 그만,

하나님의 음성을 족집게처럼 알아들을 수 있는 특별한 '무공비급'이 어딘가에 있을 거라는 기대는 버리자. 하나님의 음성을 듣는 삶은 오직 당신이 원하는 방식이 아니라 하나님이 원하시는 방식을 좇을 때에만 가능하다.

하지만 걱정하거나 포기할 이유도 없다. 당신을 사랑하시는 하나님은 수단과 방법을 가리지 않고 당신과 사랑의 교제를 나누실 것이기 때문이다.

'방법'(how)이 아니라 '장소'(Where)에서 출발하라

우리의 절대적인 신앙 모델은 예수님이다. 그래서 우리는 그분을 닮아 가야 한다. 하나님의 음성을 듣고 그분의 뜻을 분별하는 것도 예수님처럼 하라.

> 내가 내 자의로 말한 것이 아니요 나를 보내신 아버지께서 내가 말할 것과 이를 것을 친히 명령하여 주셨으니(요 12:49).

예수님은 하나님의 음성을 먼저 듣고 모든 일을 행하셨다. '심심한데 오늘은 이런 설교나 한번 해볼까? 저기 불쌍해 보이는 환자가 있네. 시간도 남는데 고쳐 줄까?' 하고 생각하신 적이 단 한 번도 없으셨다. 언제 어디서든 하나님 아버지의 뜻을 구하고 순종하셨다.

그렇다면 예수님은 하나님의 음성을 '어떻게' 들으셨을까?

'가야 할 길'과 '해야 할 일'에 대한 하나님의 뜻을 어떻게 분별하셨을까? 예수님만의 무공 비급이 있었던 건 아닐까? 기도를 통해 들으셨을 거라고 말하는 사람도 있지만, 그 말을 확실하게 뒷받침하는 기록은 성경 어디에도 없다. 그렇다면 환상을 통해 하나님의 음성을 들으셨을까? 아니면 꿈을 통해?

만약 하나님의 음성을 듣는 특별한 비결이 있다면, 적어도 예수님의 삶에서 나타나야 한다. 그러나 성경을 아무리 살피고 연구해도 그에 대한 설명을 찾아볼 수 없다. 예수님은 하나님 아버지가 원하시는 바를 도대체 어떻게 알 수 있었을까?

> 내가 아버지 안에 거하고 아버지는 내 안에(in me) 계신 것을 네가 믿지 아니하느냐 내가 너희에게 이르는 말은 스스로 하는 것이 아니라 아버지께서 내 안에 계셔서 그의 일을 하시는 것이라(요 14:10).

> 나를 사랑하지 아니하는 자는 내 말을 지키지 아니하나니 너희가 듣는 말은 내 말이 아니요 나를 보내신 아버지의 말씀이니라(요 14:24).

예수님은 하나님 아버지가 어디에서 말씀하신다고 하는가? '내 안에서'였다. 즉 '예수님의 내면'이다. 하나님은 예수님 안에서 말씀하셨다.

그렇다면 이제 초점을 바꿔 다시 질문해 보자. 예수님은 하나님의 음성을 '어디에서' 들으셨을까?

당신의 마음으로 들었는가?

하나님은 쉬지 않고 말씀하시는 분이다. 그런데 문제는 '어디에서 말씀하시느냐'다. 이제부터 하나님이 말씀하시는 장소에 대해, 성경말씀을 통해 살펴보도록 하자.

귀를 통하여

주께서 내 귀를 통하여 내게 들려주시기를 제사와 예물을 기뻐하지 아니하시며 번제와 속죄제를 요구하지 아니하신다 하신지라(시 40:6).

다윗이 기록한 시편이다. 여기에서 다윗은 하나님이 자신의 귀를 통하여 음성을 들려주셨다고 노래한다. 귀를 통해 하나님의 음성을 듣는다면, 그 음성을 전달한 '매개체'가 있을 수도 있고 없을 수도 있다. 그런데 만약 있을 경우에는, 대부분 성경말씀이나 사람이 그런 역할을 할 때가 많다.

이러므로 우리가 하나님께 끊임없이 감사함은 너희가 우리에게

> 들은 바 하나님의 말씀을 받을 때에 사람의 말로 받지 아니하고 하나님의 말씀으로 받음이니 진실로 그러하도다 이 말씀이 또한 너희 믿는 자 가운데에서 역사하느니라(살전 2:13).

이 구절에서는 하나님의 말씀을 전하는 매개체가 사도, 즉 사람이다. 그것은 설교일 수도 있고 강의 같은 가르침일 수도 있다. 말씀을 전하는 것은 분명 사람의 입술이지만, 그 말씀을 전달받는 사람은, 그것을 사람이 아니라 하나님의 말씀으로 여긴다. 결국 사람의 말을 통해 하나님의 음성을 듣는 것이다.

구약시대에 하나님은 대개 '선지자'와 '지도자'를 통해 이스라엘 백성에게 말씀하셨다. 다른 사람의 목소리를 통해 하나님의 음성을 듣게 하신 셈이다. 요즘으로 이야기하면, 설교나 영적인 강의들을 통해서 말씀하시는 것이다.

물론 그 외에도 편지나 책, 방송 매체 같은 다양한 수단으로 말씀하실 뿐만 아니라, 매개체 없이 직접 신비한 음성으로 말씀하시기도 한다. 소위 '영음'(靈音)이라고도 부르는 신비한 음성을 무조건 부정해서는 안 된다. 모세를 비롯한 여러 선지자에게도 하나님이 소리로 직접 말씀하신 적이 있기 때문이다.

그러나 여기서 짚고 넘어가야 할 문제가 하나 있다. '귀를 통해 들은 것을 모두 하나님의 음성으로 받아들여도 될까?' 하는 것이다.

설교자들 또한 잘못된 동기로 자신의 개인적인 의견과 사상을 설교할 수 있고, 성경을 잘못 해석하고 적용한 가르침을 전할 수도 있다. (부끄럽지만 솔직히 고백하자면, 나 역시도 그러한 실수를 범한 적이 있다. 그렇기 때문에 더욱 기도하며 조심히 설교하게 된다.) 성경 역시 선지자의 말을 무조건 하나님의 말씀으로 받아들이지 말라고 경고한다. 심지어 선지자들의 말을 듣지 말라고 하나님이 말씀하신 경우도 있다. 마찬가지로, 영적으로 신비한 음성을 들었다고 무조건 하나님의 음성으로 인정해서는 안 된다. 모르몬교를 비롯한 많은 이단과 사이비 종교 중에는 신비한 음성을 듣고 시작된 것들이 많다.

또한 아무리 확실해 보이고 신비하게 느껴지는 방법으로 하나님의 음성을 들었다 해도, 들은 사람이 거절하고 인정하지 않으면 아무 소용이 없다. 중요한 것은 귀로 들은 하나님의 말씀을 '아멘!' 하고 받아들이는 마음(속사람)이다. 그래서 다윗이 "나의 하나님이여 내가 주의 뜻 행하기를 즐기오니 주의 법이 나의 심중에 있나이다"(시 40:8)라고 고백하는 것이다.

하나님의 음성을 귀로 들었는가? 그렇다면 그 믿음의 근거는 어디에 있는가? 혹시 그 음성을 전달해 준 사람이 신령하기 때문이거나 신비한 음성이 들려왔기 때문은 아닌가?

꿈과 이상으로

하나님이 말씀하실 때 자신이 듣지 못하면 어떻게 하나 걱정하는 사람을 가끔 본다. 그런 걱정은 할 필요가 전혀 없다.

하나님은 사람이 알아들을 때까지 계속해서 말씀하시는 분이기 때문이다.

> 하나님은 한 번 말씀하시고 다시 말씀하시되 사람은 관심이 없도다 사람이 침상에서 졸며 깊이 잠들 때에나 꿈에나 밤에 환상을 볼 때에 그가 사람의 귀를 여시고 경고로써 두렵게 하시니(욥 33:14-16).

이 구절에서 하나님은 꿈과 이상의 두 가지 방법으로 사람에게 말씀하신다. '꿈'은 잠잘 때 보는 것이고, '환상' 혹은 '이상'은 의식이 깨어 있을 때 본다. 성경에도 꿈에서 하나님의 음성을 들었던 사람들이 많이 등장한다. 바벨론의 통치자 느부갓네살 왕은 하나님이 장차 그의 나라에 행하실 일을 꿈속에서 보았다(단 2:28). 환상을 본 아나니아는 눈 먼 핍박자 사울을 찾아가 기도해 준다(행 9:10-17). 로마의 백부장 고넬료와 예수님의 제자 베드로도 환상을 통해 인도받아 만나게 되었다(행 10:3).

우리 작은어머니도 꿈에서 하나님의 음성을 자주 들으신다. 특히 자기 아들, 즉 내 사촌이 담배를 피우면 그 모습을 곧바로 꿈에서 보셨다. 독문학을 전공했던 사촌은 내 소개로 독일의 YWAM 베이스에서 DTS를 받았다. 다음의 이야기는 그때 일어났던 작은 일화다.

사촌이 독일로 떠난 뒤 어느 날, 작은어머니가 내게 전화를 하셨다. 그러더니 "네 사촌이 어제 담배를 핀 것 같다"고 말씀하셨다. 하나님이 꿈에서 보여 주셨다는 것이었다. 나는 "YWAM 베이스와 모든 훈련 과정에서는 흡연을 금지합니다. 그 먼 곳까지 가서 DTS를 받는 사람이 고작 담배 때문에 쫓겨날 건수를 만들지는 않을 거예요. 그러니 너무 걱정하지 마세요"라고 했다. 하지만 작은어머니는 결국 독일에 있는 아들에게 전화를 걸어 담배 피운 사실이 있는지 물으셨다. 그런데 놀랍게도 그 일은 사실이었다.

자초지종을 들어보니 이랬다. 내 사촌이 훈련받던 베이스의 사람들은 한국이 어디 있는지 모르고 한국 사람도 처음 본 사람들이었다. 그래서 내 사촌을 동물원 원숭이 바라보듯 신기하게 여겼는데, 이것이 그에게는 큰 스트레스였던 모양이다. 거기다 독어와 영어로 강의를 진행했는데, 어느 말도 못 알아듣다 보니까 심각한 스트레스를 계속 받게 되었다.

그래서 내 사촌을 안쓰럽게 여긴 DTS 책임자가 "너무 힘들면 돌아가는 게 어떠냐"고 제안했다고 한다. 하지만 그는 "저는 절대 못 돌아갑니다. 정말 저를 도와주고 싶다면, 소원 하나만 들어주십시오. 사실, 담배 한 대만 피우면 스트레스가 다 날아갈 것 같습니다"라고 대답했다고 했다. 결국 내 사촌은 DTS 책임자의 허락을 받아 소그룹 간사를 대동하고 베이스 밖으로 나와 담배를 피울 수 있었다. 작은어머니가 꿈에서 본 것이 바로 그 장면이었던 모양이다.

그러나 꿈과 이상이 하나님이 말씀하셨다는 것을 100퍼센트 보장하는 증거는 아니다. 기도하는 중에 무엇을 봤다고, 그것을 무조건 하나님의 말씀으로 받아들여서는 안 된다.

고등학교 수학여행 때 밤을 새워 고스톱을 치고 새벽예배에 참석한 적이 있었다. 그때 참으로 희한한 경험을 하게 되었다. 기도하려고 눈만 감으면, 환상들이 연속재생으로 보이는 것이었다. 달이 뜨고, 새가 날아가고, 국화가 피고…. 그것이 어떤 계시였는지 짐작하겠는가?

이런 말도 안 되는 망상조차 하나님의 말씀으로 봐야 할까? 절대 아니다. 골똘히 생각하다가 잠이 들면, 그와 관련된 꿈을 꾸게 마련이다. 하나님이 꿈과 이상을 통해 말씀하신다는 사실은 인정하되, '환상=하나님의 음성'이라는 공식을 세워서 기계적으로 이해하면 안 된다는 얘기다.

하나님은 사람의 잘못된 행실과 교만을 막으시려고 꿈과 이상으로 말씀하신다(욥 33:17). 이렇게 꿈과 이상을 보고 잘못된 행실과 교만을 깨달아 회개하도록 하는 곳은 어디인가? 그것은 사람의 마음이다. 교만과 꾀는 마음에서 나오는 것이기 때문이다.

깨우침과 감동으로

구약에 기록된 정치 지도자들 중에는 느헤미야란 사람이 있다. 페르시아 왕의 궁전에서 '왕실 직속 바텐더'로 일하던 그는 폐허가 된 예루살렘의 소식을 우연한 기회에 듣게 되고, 나라와 민족을 위해 금식하며 기도한다(느 1:3-4). 그러던 중, 하나님의 은혜로 페르시아 왕의 허락을 받아 예루살렘 성을 증축하는 대역사를 일으키게 된다.

하지만 당시 주변 부족들은 예루살렘 성의 재건을 곧 이스라엘의 재건으로 생각했다. 과거 역사를 놓고 봤을 때, 이스라엘의 재건은 그들에게 큰 위협과 불이익을 가져올 중대 사건이었다. 그래서 그들은 온갖 술수와 계략으로 느헤미야를 곤경에 빠뜨리거나 제거하려고 했다. 하지만 지혜로운 느헤미야는 거기에 절대 넘어가지 않았다. 결국 그들은 느헤미야와 친한 제사장을 매수하여, 느헤미야를 아예 매장시킬 만한 최후의 계략을 꾸미게 된다. 그들에게 매수된 제사장은 계략을 마치 하나님의 말씀처럼 포장하여 느헤미야에게 거짓 예언을 들려주었다. "하나님이 자네에게 알려 주라고 말씀하신 것이 있네. 때에 주변 부족들이 곧 쳐들어 올 텐데, 나와 함께 성소로 대피하여 목숨을 건지라고 하셨다네"(느 6:10 참고).

이스라엘의 율법에 따르면, 제사장이 아닌 사람은 성소에 들어갈 수 없다. 뛰어난 정치 지도자인 느헤미야도 예외는 아니었다. 그런데도 자기 혼자 살겠다고 성소로 도망친다면, 율법을 위배하는 것일 뿐만 아니라 스스로 자신의 영적 권위와 리더십 전부를 허물어 버리는 꼴이 될 것이다. 그때 느헤미야는 그것이 하나님의 말씀인지, 거짓인지 어떻게 분별할 수 있었을까? 하나님의 뜻을 깨달아 분별했다. "깨달은즉 그는 하나님의 보내신 바가 아니라 도비야와 산발랏에게 뇌물을 받고 내게 이런 예언을 함이라"(느 6:12). 느헤미야의 깨달음이 이루어지는 곳은 어디인가? 바로 사람의 마음이다.

> 내 하나님이 내 마음을 감동하사 귀족들과 민장들과 백성을 모아 그 계보대로 등록하게 하시므로 내가 처음으로 돌아온 자의 계보를 얻었는데 거기에 기록된 것을 보면(느 7:5).

하나님이 느헤미야에게 인구 조사를 명하시는 장면이다. 그런데 느헤미야는 이 명령을 어떻게 듣는가? 감동을 통해 들었다. 이렇게 하나님은 사람의 '마음'을 감동하게 해서 말씀하시기도 한다. 종종 힘든 일을 겪고 있거나 영적으로 고통당하는 사람들을 보면, 하나님이 감동을 통해서 말씀하고 계시는 경우일 때가 있다.

기억남, 말씀이 생각남으로

하나님이 말씀하시는 방법 중에는 '기억나게 하시는 것'도 있다.

> 유대인의 유월절이 가까운지라 예수께서 예루살렘으로 올라가셨

> 더니 성전 안에서 소와 양과 비둘기 파는 사람들과 돈 바꾸는 사람들이 앉아 있는 것을 보시고 노끈으로 채찍을 만드사 양이나 소를 다 성전에서 내쫓으시고 돈 바꾸는 사람들의 돈을 쏟으시며 상을 엎으시고 비둘기 파는 사람들에게 이르시되 이것을 여기서 가져가라 내 아버지의 집으로 장사하는 집을 만들지 말라 하시니 제자들이 성경말씀에 주의 전을 사모하는 열심이 나를 삼키리라 한 것을 기억하더라(요 2:13-17).

예수님이 성전에서 장사하는 사람들을 쫓아내실 때, 제자들은 성경말씀을 기억하며 '저런 모습이 바로 주의 전을 향한 열심이구나' 하고 생각한다.

예수님이 '성전을 사흘 만에 일으키리라'라고 하셨을 때, 이 말의 의미를 이해한 제자는 아무도 없었다. 하지만 그들은 나중에야 이 말씀을 기억하며, 그것이 예수님의 부활을 의미하는 것임을 깨닫게 되었다(요 2:19-22). 하나님은 성경말씀을 기억나게 하심으로 우리에게 말씀하신다.

그리고 하나님은 잊힌 기억을 통해서도 말씀하신다. DTS의 내적 치유 시간이나 열방대학의 치유 상담 과정에 가 보면, 참가한 훈련생들의 얼굴이 변화되는 때가 있다. 바로 기억을 통해 고치고 만지시는 하나님 아버지를 경험하는 내적 치유 기간이다.

내적 치유 기간에는, 평소 기억하려 해도 할 수 없었던 일들이 당시의 감정과 함께 생생하게 되살아난다. 당사자들은 어린 시절에 받은 정신적 충격이나 부모님에게 받은 상처들이 떠올라 괴로워하고 아파한다. 하지만 하나님은 이런 시간을 통해 각 사람의 내면을 만지시고 치유하는 역사를 베푸신다. '기억'을 통해 치료와 회복의 말씀을 주신다. 하나님이 아픈 기억을 끄집어내실 때, 그분을 더욱 의지하며 상처를 내어 맡기면 놀라운 치유를 맛보게 된다.

간혹 기도나 묵상 중에 특정 성구가 떠오를 때도 있다. 정확한 장과 절까지는 아니더라도 그 말씀의 내용과 의미가 생각나는 것이다. 이런 것도 하나님이 말씀하시는 방법일 수 있다.

그런데 이런 성경말씀과 옛날 기억이 생각나는 곳은 어디인가? 이것 역시 우리의 마음, 속사람이다.

찔림으로

또 칼이 네 마음을 찌르듯 하리니 이는 여러 사람의 마음의 생각을 드러내려 함이니라 하더라(눅 2:35).

예수님이 하실 사역의 특징을 설명한 말씀이다. 예수님은 우리 마음속의 생각을 드러내신다. 우리가 아무리 멋있게 포장하더라도, 하나님은 우리 내면의 동기를 다 아신다.

남들이 아무 말을 하지 않아도, 객관적으로 볼 때 정말 필요한 일이라 할지라도, 그것이 하나님의 뜻이 아님을 양심의 '찔림'으로 알게 되는 때가 있다. 이것 역시 하나님이 우리에게 말씀하시는 한 가지 방법일 수 있다.

하지만 사람마다 양심의 잣대와 주관이 달라서, 이 사람에게는 아무렇지도 않은 일이 저 사람에게는 큰 가책으로 다가올 수 있다. 그렇기 때문에 양심이 찔린다고 무조건 하나님의 음성을 받아들여서는 안 된다.

중요한 것은 우리의 마음을 항상 하나님 앞에 정직하게 열어 놓아야 한다는 것이다. 찔림 역시 '마음'으로 받는 것이기 때문이다.

손가락으로 쓰심, 제비뽑음

이 방법은 성경에서도 손꼽힐 만큼 드물게 사용된, 신비한 경우다. 하지만 분명 하나님은 이런 방법으로도 말씀하신다. 우리 눈앞에 하나님의 손이 나타나 글을 써서 말씀하신다는 것이다. "이러므로 그의 앞에서 이 손가락이 나와서 이 글을 기록하였나이다"(단 5:24).

구소련이 붕괴되기 전에도 손가락이 하늘에 나타나서 하나님의 말씀을 전했다는 일화도 있듯, 하나님은 구약시대뿐만 아니라 현재에도 이 방법을 사용하실 수 있다.

그런데 하나님은 왜 굳이 손가락으로 글씨를 쓰신 것일까? 벨사살 왕과 그의 신하들의 교만한 마음을 깨뜨리기 위해서다.

물론 이 역시 마음으로 받아들이지 않으면, 하나님이 쓰신다 한들 아무런 소용이 없다.

또한 성경에는 제비뽑기로 하나님의 뜻을 분별하는 장면도 자주 등장한다. 이스라엘 백성이 약속의 땅 가나안에 들어갔을 때, 그들은 제비뽑기로 땅을 나눠 가졌다.

그런데 좀 이상하지 않은가? 제비뽑기를 하다 보면 누구는 좋지 않은 땅을 고를 수도 있고 누구는 좁은 땅을 뽑을 수도 있을 텐데, 어째서 "뭔가 잘못된 거 같으니 다시 뽑자"라고 항의하는 사람이 하나도 없었을까?

· 그것은 제비뽑기에 참여한 이스라엘 백성에게 '하나님이 제비뽑기를 통해 각자 받을 기업을 말씀해 주실 것이다'라는 믿음이 있었기 때문이다. 만약에 이들이 제비뽑기 결과를 '하나님의 뜻'으로 받아들이지 않았다면, 이스라엘은 끝없는 갈등과 분쟁에 빠졌을 것이다. 제비뽑기 역시 마음(속사람)의 영역에 속해 있는, '믿음'의 문제다.

고민하고 생각할 때

하나님의 음성을 기다린다는 핑계로 자신의 사고 활동을 멈춰서는 안 된다. 하나님은 우리와 함께 고민하며 생각하기를 원하시기 때문이다. 그래서 성경에도 '생각하라'는 명령이 여러 차례 기록되어 있다.

> 백성 중의 어리석은 자들아 너희는 생각하라 무지한 자들아 너희가 언제나 지혜로울까(시 94:8).

> 형통한 날에는 기뻐하고 곤고한 날에는 생각하라 하나님이 이 두 가지를 병행하게 하사 사람으로 그 장래 일을 능히 헤아려 알지 못하게 하셨느니라(전 7:14, 개역한글).

> 내가 말하는 것을 생각해 보라 주께서 범사에 네게 총명을 주시리라(딤후 2:7).

> 함께 하늘의 부르심을 입은 거룩한 형제들아 우리가 믿는 도리의 사도이시며 대제사장이신 예수를 깊이 생각하라(히 3:1).

특별히 하나님의 뜻을 구해야 할 때가 아니어도 특정한 주제나 사건, 경험, 말씀 등을 하나님과 함께 깊이 생각하며 대화하는 훈련을 하는 게 좋다. 생각난 것과 그에 따른 질문을 종이에 적어 가면서 하나님의 음성을 듣는 것도 좋은 방법이다.

그 외의 방법들

YWAM은 해마다 이슬람의 라마단 기간이 되면 '무슬림을 위한 30일 기도운동'을 전세계적으로 벌이고 있다. 무슬림들이 금식하며 기도하는 30일 동안, 그리스도인들 역시 매일 기도 책자를 보면서 무슬림을 위해 중보한다. 한국의 그리스도인들도 오래전부터 이 기도 운동에 동참하고 있다.

무슬림을 위해 전세계의 그리스도인들이 집중적으로 기도하는 이 기간에, 놀랍게도 하나님의 역사가 이슬람교를 믿는 개인과 가정, 마을 가운데 많이 일어난나고 한다. 하나님의 천사를 만난 사람도 있고, 예수 그리스도를 만나 복음을 전해 들은 사람도 있다. 또한 목소리로 직접 "알라는 진짜 신이 아니다"라는 소리가 들려왔다는 사람도 있다.

이처럼 하나님은 우리에게 '목소리'로 말씀하실 때가 있다. 흔히 '내적 음성'이라고 하는 이 소리는 마치 사람의 언어로 들린다. 오른쪽으로 치우치든지, 왼쪽으로 치우치든지 하나님은 우리 뒤에서 말소리를 직접 들려주셔서 "이것이 바른 길이니 너희는 이리로 가라"(사 30:21)라고 말씀하신다.

그러나 사람의 말소리가 들렸다는 것이 중요한 것은 아니다. 그 소리를 듣고 '아, 지금 내가 한쪽으로 치우쳐 있구나. 바른 길로 가야겠다'라고 결정하는 게 중요하다. 이런 결정이 일어나는 곳 역시 마음이다.

민수기 22장에는 사람의 말을 하는 희한한 나귀가 등장한다. 정확히 말하자면, 하나님이 나귀의 입을 빌려 말씀하셨다. 하나님의 뜻을 거스르고 이스라엘 민족을 저주하려 했던 발람이 정신 차리도록, 인류 역사상 전무후무한 일까지 벌이신 것이다(민 22:21-31). 그렇지만 말씀을 들은 당사자가 회개하지 않으면, 아무리 나귀가 사람의 말을 한다 해도 무슨 소용이 있겠는가. 돌이키는 일과 회개 역시 '마음'에서 일어나는 일이다.

하나님은 '자연현상'을 통해서도 말씀하신다. 하나님은 창세기 9장에서 다시는 물로 세상을 심판하지 않겠다고 무지개로 약속하셨다. 그래서 우리는 무지개를 볼 때마다 '이제 물로 심판받는 일은 없겠구나' 하며 안심한다.

마음의 상태는 어떠한가?

성경을 보면, 깨닫는 것도 마음이고, 기억하는 것도 마음이고, 아픔을 느끼는 것도 마음이고, 놀라는 것도 마음이고, 의심하는 것도 마음이고, 견고한 것도 마음이고, 맹세하는 것도 마음이고, 교만해지는 것도 마음이고, 방종하게 되는 것도 마음이고, 하나님의 전을 사모하는 것도 마음이라고 한다.

그래서 하나님은 오늘도 여러 가지 방법으로 우리에게 말씀하시고, 모든 초점을 우리의 '마음'에 맞추신다. 하나님은 우리의 마음에 말씀하시고, 우리는 그 음성을 마음으로 듣는다. 필자가 하나님의 음성을 듣고 분별하는 데 가장 중요한 것을 '마음의 상태'로 꼽는 이유도 그 때문이다.

내 마음은 하나님의 보호 아래 있는가?

하나님은 늘 사람의 마음을 살피고 헤아리신다.

> 여호와께서는 모든 마음을 감찰하사 모든 의도를 아시나니 네가 만일 그를 찾으면 만날 것이요 만일 네가 그를 버리면 그가 너를 영원히 버리시리라(대상 28:9).

> 주께서 마음을 감찰하시고 정직을 기뻐하시는 줄을 내가 아나이다(대상 29:17).

그래서 하나님은 '말소리'보다 '마음의 소리'에 더 귀를 기울이고 민감하게 들으신다. 몹시 답답하고 힘이 들어서 기도를 한 마디도 할 수 없을 때, 눈치 백단이신 하나님은 우리가 한숨 쉬듯이 내뱉는 '주여' 소리만으로도 충분히 알아듣고 이해하신다.

당신은 하나님 앞에 얼마나 정직하게 자신의 마음을 열어 놓고 있는가? 당신의 마음이 하나님의 다스리심에 속해 있다고 고백할 수 있는가?

얼마나 많은 말씀을 마음에 새겼는가?

어떤 양이 목자의 음성을 가장 잘 알아들을까? 아마도 목자의 음성을 자주 들어서 익숙해진 녀석일 것이다. 하나님의 음성도 마찬가지다. 하나님의 말씀을 자주 접할수록 음성을 듣고 분별하기가 수월해진다. 그래서 하나님은 그분의 말씀을 우리 마음에 새겨 두라고 강조하신다.

> 너희는 나의 이 말을 너희의 마음과 뜻에 두고 또 그것을 너희의 손목에 매어(신 11:18).

> 인자와 진리가 네게서 떠나지 말게 하고 그것을 네 목에 매며 네 마음판에 새기라(잠 3:3).

당신은 평소에 얼마나 성실하게 말씀을 묵상하고 읽고 암송하는가? 당신의 마음은 하나님의 말씀에 익숙해져 있는가?

내 마음은 누구의 것인가?

하나님은 우리의 마음을 원하신다. 우리 마음을 달라고 요청하신다(잠 23:26). 하나님을 사랑할 때도 제일 먼저 요구하시는 것은 '마음을 다해 사랑하는' 것이다.

> 너는 마음을 다하고 뜻을 다하고 힘을 다하여 네 하나님 여호와를 사랑하라(신 6:5).

당신은 하나님 앞에 전심으로 나아가는가? 일부는 드리고 일부는 꽁꽁 숨겨 둔 채 살아가는가, 온전한 마음으로 살아가는가? 하나님 외에 당신 마음의 한자리를 차지하고 있는 다른 대상은 없는가?

마음으로 신앙생활을 하는가?

모든 경건 생활과 영성 훈련에서 가장 중요한 것은 마음이다. 마음으로 하지 않으면, 아무리 회심과 회개를 해도 아무 효력이 없다.

너희는 마음에 할례를 행하고 다시는 목을 곧게 하지 말라(신 10:16).

너희는 옷을 찢지 말고 마음을 찢고 너희 하나님 여호와께로 돌아올지어다(욜 2:13).

우리는 자신이 진심으로 예배하고 기도하며 회개하고 있는지 정기적으로 돌아볼 필요가 있다. 우리는 외모와 형식만으로도 충분히 '좋은' 그리스도인 행세를 할 수 있는 재능을 타고난 사람들이기 때문이다.

당신의 마음은 튼튼한가?

하나님은 사람의 마음을 단련하시는 분이다.

여호와여 나를 살피시고 시험하사 내 뜻과 양심을 단련하소서(시 26:2).

> 도가니는 은을, 풀무는 금을 연단하거니와 여호와는 마음을 연단하시느니라(잠 17:3).

쇠는 수많은 담금질을 오랫동안 견딘 후에 높은 강도와 경도를 갖게 된다. 그런 쇠는 어떤 무게와 압력 속에서도 끄떡없이 제자리에서 제 기능을 수행하는 법이다. 사람의 마음도 그렇다. 나이테가 더해질수록 튼튼해지는 나무처럼, 오직 주님께 안정감을 둠으로 신앙 연륜이 늘어날수록 견고한 마음을 가져야 한다.

그래야 마음 밭에 떨어진 말씀의 씨앗들을 빼앗기지 않을 수 있으며, 원수가 설치한 염려와 의심의 지뢰밭을 넉넉하게 빠져나갈 수 있다.

마음의 '신선도'를 잘 지키고 있는가?

마음과 관련해서 반드시 기억해야 할 점은, 하나님의 음성을 듣고 분별하려는 우리의 마음을 망가뜨리는 것이 많다는 사실이다. 그중 대표적인 것이 완고하고 강퍅한 마음이다. 하나님이 아무리 놀라운 방법으로 말씀하셔도, 마음이 완고하다면 아무것도 느끼지 못하기 때문이다. 그래서 하나님은 우리 마음을 완고하게 하지 말라고 말씀하신다(히 3:7-8).

육체의 쾌락을 과도하게 추구하는 일이나 지나친 음주 역시 마음을 망가뜨린다(호 4:11). 음란한 행동과 지나친 음주는 하나님이 아닌 다른 것에 우리의 마음이 흘러가도록 유도한다. 상태가 그러한데, 주님의 음성을 어찌 잘 들을 수 있겠는가?

우리가 가장 경계하고 주의해야 할 대상은 사탄이다. 사탄은 호시탐탐 우리의 마음을 노린다. 사탄은 마치 하나님의 음성인 것처럼 가장해서 우리에게 이야기한다.

마귀가 벌써 시몬의 아들 가룟 유다의 마음에 예수를 팔려는 생각을 넣었더라(요 13:2).

베드로가 가로되 아나니아야 어찌하여 사탄이 네 마음에 가득하여 네가 성령을 속이고 땅 값 얼마를 감추었느냐(행 5:3).

그래서 하나님은 우리의 마음을 지키라고 명령하신다. 이 말씀은 우리 마음을 빼앗는 세력이 있다는 것을 전제한다.

모든 지킬 만한 것 중에 더욱 네 마음을 지키라 생명의 근원이 이에서 남이니라(잠 4:23).

그래서 예수전도단은 하나님의 음성을 듣거나 중보기도할 때, 사탄을 대적하고 그 자리에서 떠나갈 것을 명령한다.

사탄 대적하기를 더는 두려워하지 마라. 하나님은 그분의 자녀인 우리에게 예수 그리스도의 이름과 보혈의 권세를 주셨다. 언제 어디서든 그 특권을 믿음으로 사용한다면, 사탄으로부터 마음을 지키기란 결코 어렵지 않다.

들은 것이 정말 하나님의 음성인지 분별하라

하나님의 음성을 듣는 삶에 대한 배움은 한순간에 끝나지 않는다. 평생 배우는 과정이다. 또한 이를 왜곡하고 방해하는 요소도 많다. 따라서 우리는 '듣는 법'뿐만 아니라 '분별하는 법'도 성실하게 훈련해야 한다.

> 만군의 여호와 이스라엘의 하나님께서 이와 같이 말하노라 너희 중에 있는 선지자들에게와 점쟁이에게 미혹되지 말며 너희가 꾼 꿈도 곧이듣고 믿지 말라(렘 29:8).

> 만군의 여호와께서 이와 같이 말씀하시되 너희에게 예언하는 선지자들의 말을 듣지 말라 그들은 너희에게 헛된 것을 가르치나니 그들이 말한 묵시는 자기 마음으로 말미암은 것이요 여호와의 입에서 나온 것이 아니니라(렘 23:16).

사탄은 우리를 미혹케 하며, 하나님인 척하는 자이다. 어떻게든 하나님의 역사를 막으려 하기 때문에 꿈과 예언의 모양으로 우리를 의심과 불안과 혼란에 빠뜨리려 한다. 그러므로 하나님의 음성을 듣기 원하는 사람은 들은 바를 분별할 줄 알아야 한다.

하나님의 음성을 분별하도록 돕는 질문을 네 가지 알려 주겠다. 당신이 들은 음성이 정말 하나님의 음성인지, 하나님이 그렇게 행하실 것인지 확인하고 확신하도록 돕는 유용한 도구가 될 것이다.

주관적인 증거가 있는가?

하나님이 당신에게 말씀하신 것이 맞는다면, 주관적인 내적 증거가 자연스레 생길 것이다. 그것은 내적 평안일 수도 있고, 기쁨일 수도 있고, 소망일 수도 있고, 강한 확신이나 믿음일 수도 있다. 이처럼 대개 하나님의 음성은 내면의 건강한 변화를 동반한다.

하지만 이런 '주관적' 증거들은 타 종교와 이단에서도 나타날 수 있다. 집을 서슴없이 팔고 가족 전체가 헌신하게 하는 행동들은 모두 주관적인 느낌에 현혹되었기 때문이다. 주관적인 느낌만으로 하나님의 음성을 확신하면, 큰 실수와 오류에 빠질 수 있음을 기억하자.

객관적 증거인 '성경과 하나님의 성품'에 들어맞는가?

하나님의 음성에 대해, 기독교는 세상의 다른 어떤 종교도 흉내 낼 수 없는 객관적 증거가 있다.

첫 번째 증거는 기록된 하나님의 말씀, 즉 성경이다. 아무리 강한 확신이 들고 신비한 체험을 했어도, 성경의 내용과 정신, 가치에 어긋난다면 결코 하나님의 음성이 아니다. 그 어떤 체험과 감동도 성경의 권위를 넘어설 수 없다.

> 또 네가 어려서부터 성경을 알았나니 성경은 능히 너로 하여금 그리스도 예수 안에 있는 믿음으로 말미암아 구원에 이르는 지혜가 있게 하느니라 모든 성경은 하나님의 감동으로 된 것으로 교훈과 책망과 바르게 함과 의로 교육하기에 유익하니 이는 하나님의 사람으로 온전하게 하며 모든 선한 일을 행할 능력을 갖추게 하려 함이라(딤후 3:15-18).

하나님은 신실하신 분이기 때문에 말씀한 바를 바꾸지 않으신다. 그러므로 당신이 정말 하나님의 음성을 들었다면, 이는 성경말씀과 자연스럽게 일치할 것이다. 예를 들어 어떤 사람이 기도하던 중에 "내년 ○○일 ○○시에 예수 그리스도의 재림이 일어나니 준비하라"는 음성을 들었다고 하자. 이것이 하나님의 음성인지, 아닌지 어떻게 분별할 수 있을까? 말씀을 보면 된다. 예수님은 자신의 재림 시기에 대해 "그러나 그날과 그때는 아무도 모르나니 하늘의 천사들도, 아들도 모르고 오직 아버지만 아시느니라"(마 24:36)라고 못 박으셨다. 자, 그런데도 이 사람이 정말 하나님의 음성을 들은 것일까?

아무리 신령하고 경건해 보이는 말씀이라도 성경과 다른 소리를 한다면, 하나님의 음성으로 받아들이지 말아야 한다. 체험과 말씀(성경)이 정면으로 대치할 때, 하나님의 사람이라면 반드시 말씀을 택해야 한다. 오직 이단 교주만이 말씀과 상관없이 체험을 선택한다.

그래서 모든 그리스도인은 성경을 가까이해야 한다. 하나님의 음성을 정확하게 분별하고 싶다면 성경을 읽어라.

나는 "하나님의 음성인지 아닌지 헷갈려 죽겠어요! 분별하기가 너무 힘들어요"라며 하소연하는 사람들을 만나면, 꼭 이렇게 질문한다. "하루에 성경을 얼마나 읽으세요?" 그런데 재미있는 사실은, 꼭 그런 사람들은 성경을 '규칙적으로' 매일 읽지 않고 '정기적으로' 연말과 사순절에만 읽는다는 것이다.

성경도 읽지 않으면서, 하나님의 음성을 분별하기 힘들다고 난리 칠 것인가? 하나님의 말씀인 성경을 안 읽으니 당연히 헷갈릴 수밖에 없지 않은가.

하나님의 음성에 대한 두 번째 증거는 하나님의 성품이다. 말한 사람과 말의 내용이 다를 수 없듯이, 하나님의 음성은 성경에 기록된 하나님의 성품과 같아야 한다.

완전 공포 영화 같은 분위기 속에서 '예언기도'를 받은 사람이 있었다. "이 십일조 떼어먹은 도둑놈아! 이제 네 자손은 대대로 망할 것이다. 재앙이 네게 임할 것이다!"

이런 기도를 받았으니, 얼마나 두렵고 간이 콩알만 해졌을까?

그 후로 한동안 이 사람은 감기에만 걸려도 '이거 벌 받는 거 아니야?' 하는 생각에 빠져 살았다. 재앙이 언제 찾아올지 모른다는 피해의식과 두려움에 빠져 하루하루 살아가는 것이다.

그 '예언기도'는 정말 하나님의 음성이었을까? 만약 하나님이 이렇게 말씀하시는 분이라면, 하나님은 회개할 기회도 주지 않고 벌하는 분이며, 긍휼은 없고 심판만 하는 분일 것이다. 과연 그럴까? 그렇지 않다. 당신과 나의 하나님은 인자와 긍휼이 한이 없으신 분이다.

> 그가 네 모든 죄악을 사하시며 네 모든 병을 고치시며 네 생명을 파멸에서 속량하시고 인자와 긍휼로 관을 씌우시며 좋은 것으로 네 소원을 만족하게 하사 네 청춘을 독수리같이 새롭게 하시는도다(시 103:3-5).

하나님의 성품을 잘 아는 사람이라면, 그런 예언은 결코 하나님이 주신 것이 아님을 단번에 깨달을 것이다. 하나님은 결코 공포 분위기를 조성하시는 분이 아니다. 우리가 크게 잘못해서 책망하실 때조차 우리를 감싸 주신다. 물론 회개에 이르게 하는 근심도 있지만, 그럴 때는 빨리 회개하고 하나님 앞으로 돌아오면 된다(고후 7:9-10).

'하나님 음성 듣는 삶'을 강의하던 중에 이런 질문을 받은 적이 있다. "기도 많이 하시는 신령한 전도사님이 집을 팔아서 하나님께 바치라고 자꾸 말씀하시는데, 제 생각에는 그렇게 하면 안 될 것 같아요. 그게 자꾸 마음에 걸려서 괴롭습니다. 정말 하나님이 그 전도사님을 통해서 그렇게 말씀하시는 거라면 어떻게 하죠?"

그래서 내가 물었다.

"그 문제를 놓고 하나님께 직접 기도해 보셨나요?"

"그랬다가 정말 하나님이 집을 팔라고 하시면 어떻게 해요?" 질문한 분이 괴로워하며 대답했다. 나는 그분을 돕고자 몇 가지를 더 물어보았다.

"지금 그 집은 누구의 소유로 되어 있습니까?"

"남편이요."

"그러면 남편 분과 이 문제를 의논해 보신 적이 있습니까?"

"아니요! 저희 남편은 아직 교회에 안 다니는 걸요."

"그러면 남편 분은 집을 파는 데 동의하지 않으시겠군요. 그런데도 집을 팔 방법이 있을까요?"

"남편 인감을 가져가서 몰래 파는 수밖에 없겠지요."

"그렇군요. 방법이 그것밖에 없다면, 하나님은 성도님에게 '도둑질'을 하라고 시키고 계신 거군요!"

"…?"

"집을 팔아서 교회에 바치라는 것은 하나님의 음성이 아닌 것 같습니다. 하나님은 결코 우리를 '도둑놈'이나 '앵벌이'로 만드는 분이 아니시기 때문입니다."

이어서 나는 그분께 이렇게 조언했다.

"그 전도사님이 또다시 성도님을 찾아와 집을 팔라고 조르면, 그분의 눈을 지그시 쳐다보며 하나님께 기도해 보겠다고 하세요. 그 집을 처분할 권리는 세대주인 남편에게 있기에, 집을 파는 게 정말 하나님의 뜻이라면 두 분에게 직접 말씀하실 겁니다. 두려움과 선입관을 내려놓고 하나님께 정직하게 물어보세요. 하나님이 남편 분께 아무런 말씀을 하지 않으신다면, 그것은 하나님의 뜻이 아닐 겁니다. 그런데도 그 전도사님이 집을 팔라고 강요한다면, 제가 말씀드린 대로 '이런 상황에서 집을 파는 것은, 하나님이 제게 도둑질하라고 시키시는 것과 같습니다'라고 말해야 합니다. 만일 전도사님이 그 말을 듣고 화를 낸다든지 성도님을 심하게 몰아붙인다면, 그분은 기도 응답이나 하나님의 뜻보다 성도님의 돈에 더 관심이 있으신 겁니다. 그렇다면 그런 사람과는 두 번 다시 어울리지 마십시오."

이렇게 하나님의 성품을 모르는 상태에서 하나님의 음성을 듣는다면, 혼란과 두려움에 빠질 확률이 높다. 그래서 하나님의 음성을 듣는 전제 조건 중 하나가 바로 '하나님과의 친밀한 관계 속에서 그분을 알아 가는 것'이다.

그리스도의 몸인 공동체 안에서 확인받았는가?

내가 하나님께 늘 감사드리는 몇 가지 제목 중 하나는, 나를 예수전도단으로 불러 주신 것이다. 예수전도단은 정말 멋진 공동체다. 한 사람, 한 사람 따로 떼어놓고 보면 그렇게 뛰어나지도 않고 별로 자랑할 것도 없는 사람들인데, 이상하게도 함께 모이면 어떻게 해서든 큰 역사를 감당한다.

나이와 교육 수준, 출신 배경, 신앙 스타일이 다른 사람들이 예수전도단이라는 이름 하나만으로 하나 될 수 있는 기반은 오직 하나, 하나님의 음성을 듣는 삶이라고 생각한다. 예수전도단 사람들은 하나님이 우리에게 말씀하시는 분임을 모두 믿는다. 그래서 하나님이 말씀하셨다고 하면, 모든 것을 내던져 헌신한다. 이는 그 어떤 설득과 타협에 의한 것이 아니다. 오직 개인과 공동체가 하나님의 음성을 함께 듣고 따르기 때문이다. 월급을 받기는커녕 자신의 돈까지 들여 가며 사역하는 이 '얼토당토않은' 단체에 여전히 많은 사람이 간사로 지원하는 까닭도, 하나님이 그렇게 하라고 말씀하셨기 때문이다.

예수전도단 간사 중에는 선교사로 떠났거나 떠나려고 준비하는 이들이 많다. 그들 중 80퍼센트 이상은 복음화하기 가장 어렵다는 '10/40창'에 속한 지역의 사람들을 품는다. 왜 그렇게 힘들고 어려운 곳을 선택했냐고 물어보면, 다들 한결같이 "하나님이 그렇게 하라고 말씀하셨습니다" 하고 대답한다. 아무 보장도 없고 자녀 교육 혜택도 하나 없는 오지에, 하나님의 음성 하나만 붙잡고 순종하며 가는 것이다.

'예수전도단 사람'으로서 내가 누리는 축복 중 하나는, 내가 들은 하나님의 음성을 놓고 함께 기도하며 분별해 주는 신실한 동역자들이 있다는 것이다. 때로는 공동체가 함께 기도하다 보면, 어떤 나라에 선교사로 가라는 음성을 듣는 사람이 있다. 그러면 반드시 다른 사람은 그 나라를 위해 중보자로 서라는 음성을 듣는다. 그 나라로 가는 선교사를 후원하라는 음성을 듣는 사람도 있다. 나중에 이 사람들이 한데 모이면, 한 나라를 위한 선교 팀으로 매우 자연스럽게 세워진다. 이러한 일이 예수전도단에서는 흔하다. 공동체가 하나님의 음성을 함께 듣다 보면, 누군가가 각본에 따라 연출한 것처럼 느껴지는 상황들을 자주 경험한다.

또한 공동의 기도 제목과 질문을 가지고 다 함께 하나님 앞에 나아가 그분의 음성을 듣고 나눌 때면, 놀라운 경험을 한다. 때로는 서로가 서로의 필요를 채워 주라는 음성을 듣기도 한다. 한 사람씩 들은 바를 나누다 보면 그 말들이 마치 퍼즐을 완성하듯 이어져서, 하나님의 온전한 뜻을 깨닫게 되기도 한다. 이렇게 하나님의 음성을 함께 듣는 공동체에 속해 있다는 것, 놀라운 경험을 누릴 수 있다는 것은 정말 복 받은 일이다.

이런 은혜를 간증하면, 다음과 같이 반응하는 사람들이 있다. "예수전도단이니까 그렇게 할 수 있는 거겠죠." "예수전도단 간사들이 영적으로 뛰어나고 신령해서 그런 거 아닌가요?" 나는 그렇지 않다고 믿는다. 예수전도단이어서가 아니라 하나님의 음성을 듣고 순종하기로 결정했기 때문에 할 수 있는 것이다. 자신의 생각과 경험, 계획, 재정, 인맥 등을 모두 내려놓고 오직 주님의 뜻만 따르기로 결정한다면, 어떤 개인과 공동체라도 이런 놀라운 특권을 누릴 수 있다.

하나님이 '그리스도의 몸 된' 교회와 신앙 공동체를 주신 이유는, 하나님의 백성을 더욱 든든히 보호하고 성숙하게 하기 위해서다. 그러므로 하나님의 음성을 듣는 것 역시 그리스도의 몸 안에서 분별하고 확인받아야 한다. 공동체 전체가 모두 듣지 못한다면, 성숙하고 신실한 믿음의 사람들이 함께 기도하며 개인이 들은 하나님의 음성을 더욱 견고히 붙잡을 수 있게 도와야 한다.

공동체 안에서 하나님의 음성을 듣고 분별하고 싶다면, 이 점을 꼭 기억하라. 하나님이 그리스도의 몸 안에 세워 놓으신 권위와 질서를 무시하고 파괴하면 안 된다는 것을 말이다.

그리스도인이라면 누구나 하나님의 음성을 들을 수 있으며, 들어야 한다. 하나님과 교제하며 그분의 음성을 듣는 일은 남녀노소를 막론하고 누구에게나 필요하다. 하지만 사람마다 지문과 생김새가 다르듯, 믿음을 갖게 된 경위와 신앙 스타일도 제각기 다르다. 하나님의 음성을 해석하고 이해하는 것도, 그것을 적용하고 실천하는 방식도 다 다르다. 공동체는 이렇게 전혀 다른 사람들로 이루어졌기에, '개인적으로 들을 수밖에 없는' 하나님의 음성을 공동체에서 다루기란 매우 조심스럽다. 자칫하면 공동체가 분열되거나 깨질 수도 있기 때문이다. 초대교회 때에도 파벌을 만들어 권위와 질서를 무너뜨리고, 결국 그리스도의 몸을 분열시킨 사람들이 많이 있었다(고전 1:10-12).

소위 '신령하다는' 몇 사람의 고집과 아집 때문에 교회 전체가 어려움에 빠지는 경우를 종종 본다. 하나님이 우리에게 말씀하시는 이유는, 교회와 신앙 공동체를 혼란에 빠트리고 분열하게 하려는 것이 아니다. 부디 하나님이 들려주신 만큼, 허락하신 만큼만 듣고 나누기를 바란다. 과장하지 말고 임의로 해석해서 나누지 마라. 그것으로 자신의 영적 수준을 입증하려 하지 마라. 아는 것은 아는 대로, 모르는 것은 모르는 대로, 들은 그대로 나눠라. 그것이 가장 지혜로운 행동이다.

지역 교회에서 어떤 사항을 결정할 때, 목회자가 가장 힘들어하는 부분은 저마다 자기가 '최고결정권자'인 양 행동하는 것이라고 한다. '나만 할 수 있다, 내가 해야 한다'는 착각과 고집으로 밀어붙이면서 서로 싸울 때, 공동체는 어려움에 처하게 된다.

기적 같은 신기한 일들만 일어날 것 같은 예수전도단 또한 그런 갈등과 다툼에서 예외일 수는 없다. 모든 DTS와 예수전도단의 훈련과정에는 소그룹으로 모여 하나님의 음성을 듣고 중보기도하는 시간이 꼭 있는데, 저마다 다른 내용을 듣고 나누는 경우가 자주 있다. 또한 전도여행 중에도 다음 행선지나 사역 방향을 정하려고 함께 모여 하나님의 음성을 듣는데, 서로 다른 내용을 들을 때가 종종 있다. 참석자들이 순한 사람들만 모인 덕에 그래도 은혜롭게 정리하고 넘어가면 다행이겠지만, '내가 들은 하나님의 음성은 왜 무시하느냐'며 따지고 드는 사람이 있으면 대개 싸움으로 이어진다.

이럴 때 모임의 인도자나 팀 리더는 정말 죽을 맛이다. 하나님의 뜻이 정확하게 어떤 것인지도 모르겠고, 함께 들은 내용을 자기 마음대로 요리해서 결론 내릴 수도 없고, 기껏 하나님의 음성을 듣고 결정하자고 해놓고 그 자체를 번복할 수도 없는 노릇이니 말이다.

그런 일이 생길 때는, 하나님이 리더로 세우신 사람에게 모든 것을 위임하고 그의 결정에 따르는 것이 좋다고 생각한다. 그리스도의 몸에 속한 그리스도인들은 결코 자신이 들은 하나님의 음성 때문에 혈기를 부리고 고집을 피워서는 안 된다. 개인이 음성을 듣는 것과 공동체가 음성을 듣는 일은 전혀 다른 차원의 문제이기 때문이다.

개인의 귀와 입이 하나이듯, 공동체의 귀와 입 역시도 한 사람, 그 역할을 하도록 부름 받은 사람이 감당해야 한다. 그것이 바로 하나님이 주신 '권위'와 '질서'다. 이에 순종하지 않고 저마다 예언자나 사도 행세를 한다면, 그야말로 배가 산으로 갈 것이다.

> 이 모든 일은 같은 한 성령이 행하사 그의 뜻대로 각 사람에게 나누어 주시는 것이니라(고전 12:11).

> 하나님은 무질서의 하나님이 아니시요 오직 화평의 하나님이시니라 모든 성도가 교회에서 함과 같이(고전 14:33).

하나님은 성령을 통하여 하나님의 교회에 직임과 권위를 허락하셨고, 우리가 그 권위와 질서에 따라 모든 일을 화평 가운데 행하기 원하신다. 그래서 예수전도단의 대표인 나는 무엇인가를 결정해야 할 때마다, 늘 나 자신과 주변의 동역자들에게 이렇게 질문한다. "정말 이것이 이때에 우리를 향한 하나님의 음성이 맞을까요?"

그리고 홀로 하나님 앞에 나아간다. 뿐만 아니라 멘토와 동역자, 중보자들에게 기도해 달라고 조심스럽게 부탁한다. 그런데 신기하게도, 나와 함께 기도한 이들이 '하나님이 이렇게 말씀하셨다'며 자신이 들은 것을 전해올 때가 있는데, 내가 들은 음성의 내용과 일치할 때가 많다.

예수전도단은 무슨 일이든 대표 혼자 마음대로 결정하지 않는다. 예수전도단의 리더들이 함께 참여하는 NLT라는 의결기관에서 결정하도록 되어 있다.

NLT는 1년에 몇 번씩 열리는데, 리더들은 여러 가지 사안을 놓고 다각도로 토론을 벌인다. 때로는 침을 튀겨 가며 열변을 토한다. 서로 의견이 달라서 충돌이 벌어지면, 분위기가 싸늘해지기도 한다. 하지만 마지막에는 모든 참석자가 자신의 생각과 경험을 모두 내려놓고 하나님의 음성을 들은 후 나누는 시간을 갖는다. 그때마다 하나님은 모두에게 동일한 마음을 주신다. 참석자 모두 똑같은 음성을 듣는 것이다(물론 매번 그런 것은 아니다).

나는 이렇게 하나님의 음성을 확인받을 수 있는 단체에 속해 있다는 사실에 감사한다. 하나님의 음성을 함께 듣고 그 들은 바를 위해서 함께 대가를 지불하며 싸우는 동역자와 공동체를 가졌다는 기쁨은, 경험해 보지 못한 사람은 결코 알 수 없다. 이 모든 것은 하나님이 우리 안에 세우신 권위와 질서를 존중하고 겸손하게 순종하기 때문에 누릴 수 있는 축복이다. 자신이 들은 하나님의 음성을 공동체 안에서 나누고 분별하고 싶다면, 공동체 가운데 세워진 권위와 영적 질서를 따라 신중하게 행동할 것을 충고한다.

들은 바대로 성취되었는가?

하나님의 음성을 '예언'의 형태로 듣게 되었을 때는 어떻게 분별하는 것이 좋을까?

예레미야를 보면, 예레미야는 바벨론이 이스라엘을 점령하여 모든 백성을 포로로 삼을 것이라는 기가 막힌 예언을 한다. 그런데 그 뒤에 하나냐라는 예언자가 '포로가 된 지 이 년 만에 다시 돌아올 것'이라는 예언을 내놓는다(렘 28:1-3). 이에 예레미야는 의미심장한 '예언자 분별법'을 내놓는다.

> 평화를 예언하는 선지자는 그 예언자의 말이 응한 후에야 그가 진실로 여호와께서 보내신 선지자로 인정받게 되리라(렘 28:9).

예언의 은사를 가진 사람들이라고, 무조건 그들의 말을 받아들이는 것은 지혜롭지 않다. 그 사람의 예언이 정말로 성취되는지 확인하고 분별하는 시간을 가져야 한다.

하나님의 음성을 듣는 당신의 유형은 무엇인가?

내가 관찰한 바에 따르면, 각 사람은 그 성품과 기질에 따라 독특한 방식으로 하나님의 음성을 듣는 것 같다. 다시 말해, 하나님의 음성을 더 잘 들을 수 있는 저마다의 방식이 있다는 말이다. 당신은 주로 어떤 형태로 하나님의 음성을 듣는가?

환상과 이미지에 강한 '시각형'

사도행전에 등장하는 사도 바울과 베드로가 이런 유형에 속한다. 베드로는 하늘이 열리고 먹지 못할 부정한 짐승들을 담은 보자기 같은 그릇이 내려오는 환상을 세 번 본 후에 로마 백부장 고넬료와 역사적인 만남을 갖는다(행 10장).

사도 바울 또한 꿈에서 마게도니아 사람이 도움을 요청하는 환상을 본 뒤 다음 사역지를 결정했다(행 16장).

YWAM의 유명 강사 중에도 이와 비슷하게 하나님의 음성을 듣는 이들이 있다. 그들은 개인을 위해 기도할 때 하나님이 보여 주시는 것을 일러 준다. 그런데 내가 상황과 신상 정보를 알려 주지 않았는데도, 놀랍게도 나에게 딱 들어맞는 장면과 이미지를 말해 준다.

이런 사람들이 주의할 점은 '본 것'에 대한 맹신이다. 거기에 얽매이지 말고, 상황과 환경을 자신이 본 그림과 이미지에 맞춰 해석하지 않도록 해야 한다. 본 것은 100퍼센트 그대로 들어맞지 않을 때가 많기 때문이다.

소리와 소음에 강한 '청각형'

소리와 소음으로 하나님의 음성을 듣는 사람들도 있다. 하나님은 친구와 이야기하듯, 귀에 들리는 소리로 말씀하실 수 있다. 최초의 인간인 아담과 하와 역시 그분의 음성을 소리로 들었다. "그들이 그날 바람이 불 때 동산에 거니시는 여호와 하나님의 소리를 듣고 아담과 그의 아내가 여호와 하나님의 낯을 피하여 동산 나무 사이에 숨은지라"(창 3:8).

모세도 하나님의 음성을 소리로 들었다. "나팔 소리가 점점 커질 때에 모세가 말한즉 하나님이 음성으로 대답하시더라"(출 19:19).

모든 이스라엘 백성 앞에서 말씀하신 적도 있다. "여호와께서 너를 교훈하시려고 하늘에서부터 그의 음성을 네게 듣게 하시며 땅에서는 그의 큰 불을 네게 보이시고 네가 불 가운데서 나오는 그의 말씀을 듣게 하셨느니라"(신 4:36).

성경에는 이런 경우가 많이 기록되어 있기 때문에, 우리는 청각적으로 뭔가를 들으면 쉽게 믿고 쉽게 인정한다. 그래서 이런 사람들일수록 특별히 겸손하고 정직한 태도를 길러야 한다. 그렇지 않으면 교만해지거나 하나님의 음성을 듣는 대가를 요구하고 싶은 유혹에 빠지게 될 것이다.

추상적·이상적·주관적인 것에 강한 '직관형'

열왕기하 22장과 역대기하 34장에는 유다 왕 요시아가 등장하는데, 그는 우연히 성전에서 발견된 율법책을 읽던 중에 갑자기 옷을 찢으며 강렬하게 반응한다. 자기 민족에게 임한 하나님의 진노를 부지불식간에 마음으로 감지한 것이다(왕하 22:8-13).

이렇게 요시아 왕처럼 직관적인 사람들은 추상적인 하나님의 음성을 어떤 방법으로든 잘 듣고 마음에 잘 받아들인다. 또한 평소 하나님과의 관계를 중요하게 여기기 때문에, 주님께 마음을 드리는 연습을 항상 하고 있다.

직관적으로 하나님의 음성을 듣는 사람들은 즉흥적이고 준비성이 부족한 사람으로 비쳐질 때가 많다. 하지만 이들이 하나님의 깊은 것까지도 알아들을 수 있는 사람들임을 기억하고 귀담아 들으면, 큰 유익이 될 것이다.

구체적·현실적·객관적인 것에 강한 '이성형'

하나님이 사람에게 주신 귀한 선물 중 하나가 바로 '이성'이다. 그런데 이성적인 사람들 중에는 하나님의 '음성'과 그것을 '듣는다'는 개념을 잘 받아들이지 못하는 이들이 많다. 대개의 경우 이런 사람들은 하나님의 음성 듣는 것을 샤머니즘으로 치부하여 거부한다.

하지만 하나님은 사람의 이성을 뛰어넘어 일하시는 분이다. 우리는 우리의 모든 생각을 붙잡아 그리스도 앞에 복종시킬 수 있으며, 복종시켜야 한다(고후 10:5). 믿음은 단순하다. 하나님이 계신 것과 자기를 찾는 자에게 상을 주시는 분이심을 믿으면, 누구든지 하나님 앞에 설 수 있다(히 11:6). '상 주신다'는 것은 만나 주시고 말씀해 주신다는 의미가 포함되어 있다.

하나님의 음성을 듣는 것이 혼란스러워서 받아들이기가 힘들다면, 가장 단순한 것에서부터 쉽게 시작하기를 권한다.

7.
성경, 기록된 하나님의 음성

하나님을 알아 가고 그분의 음성을 듣는 데 성경말씀처럼 유익한 것은 없다. 성경말씀을 읽고 묵상하고 연구하고 외우다 보면 하나님의 음성을 들을 수 있다. 그리고 하나님을 더욱 깊이 사랑할 수 있다.

성경은 우리가 '하나님이 어떤 분이신가'에 초점을 맞추게 한다. 또한 그분을 경험하는 삶을 살아가게 한다. 그리고 하나님과 교제할 수 있는 가장 손쉬운 길을 제공한다. 우리는 하나님이 주신 성경말씀 덕분에, 언제든 하나님의 음성을 듣고 분별할 수 있다. 어려운 문제를 만나거나 힘든 상황이 펼쳐질 때마다 주님의 음성을 직접 들은 후 실타래처럼 꼬인 인생의 매듭을 풀어 갈 수 있는 이유도 우리에게 성경이 있기 때문이다. 하나님의 음성을 듣는 데 가장 좋은 도구는, 누가 뭐라 해도 '기록된 하나님의 말씀'인 성경이다.

DTS의 기반, 말씀 묵상

대부분의 예수전도단 사람들은 큐티나 묵상 시간에 다른 자료를 사용하지 않는다. DTS 때부터 성경책만 가지고 묵상하도록 훈련받았기 때문이다.

묵상을 처음 시작하는 사람이거나 초신자일 경우에는 아무래도 큐티 잡지와 묵상 자료의 도움을 얻는 것이 좋다. 옛날과 다르게 요즘은 큐티와 묵상을 돕는 다양한 정기간행물과 자료집이 많이 보급되고 있다. 그 내용이나 기능에 있어서도 아주 실제적이고 유용한 것들이 많이 나와 있다.

문제는 자꾸 이런 것들을 사용하게 되면, 주교재인 성경말씀보다 부교재에 더 의존하게 될 수 있다는 것이다. 큐티 잡지와 기타 자료집을 사용하는 많은 사람이, 주교재인 성경말씀으로 하나님을 만나기보다는 부교재에 실린 설명과 예화에서 은혜와 감동을 받게 된다는 것이다.

예수전도단은 다른 사람의 체험과 설명이 아닌, 각자 예배와 말씀, 기도를 통해 하나님을 직접 만나라고 강조한다. 그래서 DTS를 비롯한 여러 훈련과 사역에서는 다른 교재를 사용하지 않는다. 오직 성경책만 펴놓고 '하나님의 직강'을 듣게 한다. 처음에는 어렵고 힘들지만, 시간이 지나면 대부분의 사람이 동일하게 깨닫는 것이 있다.

마음판에 새겨져 오랫동안 남는 것은, 큐티 잡지의 내용을 읽고 깨달은 것과 서투르게나마 말씀 속에서 직접 깨달은 것 중에 어느 쪽일까? 대부분 성경을 읽다가 직접 깨달은 것이라고 대답한다. 묵상 시간에 하나님의 음성을 듣고 싶은가? 그렇다면 당신의 눈과 심령으로 직접 말씀을 접할 것을 권한다.

무궁무진한 말씀의 능력을 발견하라

문제는 성경을 읽는 것이 쉽지 않다는 데 있다. 처음 묵상을 시작할 때나 말씀에서 은혜를 받았을 때는 기쁘게 열심을 낼 수 있지만, 그런 상태를 늘 유지하기란 쉽지 않다. 지루하기 때문이다.

성경 일독을 하려는 사람들이 가장 피하고 싶은 책은 아마도 구약성경의 레위기일 것이다. 제사의식에 대한 설명만 가득하기 때문에 무척 지루하다. 가장 피하고 싶은 단락은 어디일까? 성경 군데군데 등장하는 족보일 것이다. 누가 누구를 낳고, 누가 누구를 낳고…. 역시 한참 읽다 보면 지루해진다. 그렇다면 가장 피하고 싶은 장은 어디일까? 누가 뭐래도 단연 시편 119편이다. 총 176절로 된 이 시편은 아무리 읽어도 끝이 나지 않아서 지루함의 극치를 경험하게 한다. 시편 119편을 소리 내 가며 앉은자리에서 한 번에 읽을 수 있다면, 그 사람은 정말로 하나님의 말씀을 사랑하는 사람일 것이다.

지루함만 잘 견뎌낼 수 있다면, 우리는 성경을 통해 하나의 음성을 듣는 것뿐만 아니라 성경에 감추인 하나님의 무한한 보고를 경험하게 될 것이다.

시편 119편에 나타난 말씀의 능력

시편 119편은 성경을 '여호와의 율법, 증거들, 주의 법도, 주의 율례(규례), 주의 계명, 주의 교훈, 주의 법, 주의 말씀' 등으로 표현한다. 그만큼 이 시편은 하나님의 말씀에 담긴 능력과 특징을 풍성하게 설명한다.

* 말씀을 따라 행하는 자는 복이 있다(1절).
* 청년의 행실을 깨끗하게 하는 것은 주의 말씀이다(9절).
* 비방, 환난, 우환 등 모든 상황 가운데서 나의 즐거움이 되며, 나의 충고자다(23-24절, 77절, 143절).
* 심한 고난 중의 위로이며 나를 살아나게 한다(37-38절, 40절, 50절, 107절).
* 나를 가르치신다(26절).
* 영혼이 눌려서 녹아 버릴 때, 말씀대로 나를 세우신다(28절).
* 거짓 행위를 내게서 떠나게 한다(29절).
* 우리에게 기쁨과 즐거움을 준다(24절, 35절, 47절).
* 주를 경외하게 한다(38절).
* 주의 규례들은 선하다(39절).
* 영원한 진리의 말씀이다(43절, 142절, 151절, 160절).

* 왕들 앞에서도 말할 수 있고 수치를 당하지 않게 된다(46절).
* 소망을 갖게 된다(49절).
* 하나님을 기억하게 한다(49절).
* 은혜를 베푼다(58절).
* 밤중에라도 일어나 주님께 감사하게 한다(62절).
* 친구들을 주신다(63절).
* 믿으면 명철과 지식을 가르치신다(66절).
* 주의 계명들은 신실하다(86절).
* 주의 말씀은 영원히 하늘에 굳게 서 있다(89절, 152절).
* 주의 계명들은 심히 넓다(96절).
* 모든 스승보다, 노인보다 더 명철하게 한다(99절, 100절).
* 말씀의 맛이 꿀보다 더 달다(103절).
* 주의 말씀은 내 발에 등이요 내 길에 빛이다(105절).
* 주의 말씀은 은신처요 방패다. 그래서 말씀을 바라는 것이다(114절).
* 주의 계명은 금 곧 순금보다 더 사랑할 가치가 있다(127절).
* 범사에 모든 주의 법도들은 바르다(128절).
* 주의 증거는 놀랍다(129절).
* 주의 말씀은 빛을 비추어 우둔한 사람을 깨닫게 한다(130절).
* 어떤 죄악도 나를 주관하지 못하게 된다(133절).
* 주(말씀)는 의롭고 성실하시며 주의 판단(말씀)은 옳다 (137-138절, 144절, 172절).

* 주의 말씀은 순수하다(140절).
* 말씀을 사랑하여 지키면 평안이 있고 장애물이 없다(165절).
* 나를 건지신다(170절).
* 주의 규례들이 나를 돕는다(175절).

이렇게 시편 한 장 안에도 성경이 우리에게 주는 유익이 놀랍도록 풍성하게 드러나 있다. 성경말씀이 우리에게 '레마'로 다가올 때, 시편 119편에 기록된 말씀의 능력과 역사가 우리의 삶 가운데 나타날 것이다.

성경에는 하나님의 성품과 원칙이 담겨 있다

하나님의 음성을 분별하는 큰 원칙 중 하나는, 하나님의 성품을 알고 그 성품에 맞는지를 살펴보는 것이다. 그런데 하나님의 성품은 어디에서 발견할 수 있을까? 하나님의 말씀인 성경에서 발견할 수 있다.

하나님의 성품을 찾으면서 성경을 읽는 것은 정말 재미있다. 예수전도단 사람들은 하나님의 특정한 성품을 언급한 성경 구절을 모아 놓고 그 특징을 찾아 연구하는 '하나님의 성품 공부'를 한다.

예를 들어 '사랑의 하나님'을 연구하고 싶으면, 관련 성경 구절을 모두 읽고 묵상하며 공통점과 특징을 찾아 적고 묵상한 후 적용하는 것이다. 그럴 때 하나님의 여러 가지 성품에 따라 성경 구절을 다양한 색깔로 칠해 가는 것은 참 유익하다. 우리가 성경에서 제일 먼저 발견하고 배워야 하는 것은 교리나 받을 복이 아니라 하나님의 성품이다.

하나님이 일하시는 원칙들

자연 만물에도 법칙이 있고 과학과 수학에도 공식이 있듯이, 하나님의 '법과 방식'이 존재한다. 세상의 법칙들은 새로운 발견과 이론들로 금세 뒤집어지고 변한다. 그러나 하나님의 원칙은 영원하며 결코 변하지 않는 진리다. 그 원칙들은 모두 성경에 기록되어 있다. 성경을 읽으면서 그 원칙들을 발견하고 적용한다면, 기록된 그대로의 결과를 얻을 것이다.

예를 들어, 하나님에게는 "두 주인을 섬길 수 없다"라는 원칙이 있다(눅 16:13). 우리는 이 원칙에 따라, 돈이 하나님의 자리를 넘보지 못하도록 다스려야 한다. 그리고 철저하게 하나님이 하나님 되시도록 해야 한다. 아무리 고소득을 보장하는 일이라 하더라도, 주인 되신 하나님이 하지 말라고 명하시면 순종해야 한다.

너희는 먼저 그의 나라와 그의 의를 구하라 그리하면 이 모든 것을 너희에게 더하시리라(마 6:33).

하나님 나라와 그분의 의를 구하면, 다른 모든 것도 더해 주신다. 이 말씀은 우리 인생에 반드시 우선순위가 있어야 하고, 올바른 우선순위를 지켰을 때 어떤 열매를 맺는지 보여 준다. 하나님의 방법이 당장 눈에는 어리석게 보이고 효과가 없을 것 같아도, 하나님의 원칙대로 하면 결국에는 그대로 이루어질 것이다.

우리는 성경을 통해, 이 세상을 경영하고 인생을 이끄는 하나님의 원칙을 발견할 수 있다. 이 책에서 내가 나눈 하나님의 음성을 듣는 방법들 또한 성경에서 발견한 원칙이다.

* 내 양은 내 음성을 듣는다(요 10:27).
* 하나님은 작은 일부터 먼저 말씀하신다(눅 16:10). 그러므로 작은 일부터 하나님께 묻고 들어야 한다.
* 하나님은 반복해서 말씀하신다(욥 33:14).
* 하나님은 모든 것이 합력하여 선을 이루게 하시는 분이다(롬 8:28). 그러므로 하나님의 음성을 듣지 못하거나 잘못 들으면 어떻게 하나 걱정할 필요가 없다. 하나님은 실패와 실수를 통해서도 우리를 가르치고 삶 속에서 일하시기 때문이다.
* 하나님의 음성을 들을 때는 믿음이 중요하다(히 11:6).
* 하나님의 음성을 들을 때는 마음이 중요하다(히 4:7).
* 하나님은 여러 가지 방법으로 말씀하신다(히 1:1).

성경 읽기와 암송, 그리고 하나님의 음성

하나님은 정기적인 성경 읽기를 통해 말씀하신다

폴 호킨스는 YWAM의 영향력 있는 지도자이자 기름부음 넘치는 중보기도 강의자로 잘 알려져 있다. 언젠가 강의 중에 매일 읽는 성경말씀을 통해 하나님의 음성을 들었다고 나누셨다. 그러면서 만약에 자신이 그날 성경 읽기를 건너뛰었더라면, 하나님의 음성을 듣지 못했을 거라고 하셨다. 조이 도우슨 여사 또한 우리가 하나님의 음성을 듣지 못하는 이유 중 하나로 '그날 해당되는 성경말씀을 건너뛰고 읽지 않는 것'을 꼽는다.

내게도 이와 비슷한 경험이 있다. 슬픈 일을 당한 사람과 만나기로 한 날 아침이었다. 나는 그를 어떻게 위로해야 할지 기도하고 있었다. 아무리 기도해도 막막하고 하나님의 뜻을 알 수 없어서, 그날 읽어야 할 시편 말씀을 펴서 읽기 시작했다. 그런데 바로 그 시편 말씀에서, 오늘 만나기로 한 사람에게 정확히 들어맞는 메시지를 받게 되었다. 그뿐만 아니다. 내가 섬기는 교회나 강사로 초대받은 자리에서 전해야 할 메시지를, 정기적으로 읽는 성경말씀을 통해 받은 경험이 여러 차례 있다. 궁금했지만 풀지 못하던 성경의 어떤 부분이 다른 말씀을 읽던 중에 퍼즐이 딱 들어맞듯 이해되고 깨닫게 되어 흥분을 감추지 못했던 적도 많다.

하나님은 암송 구절을 통해 말씀하신다

나 자신의 경험이나 주변 사람들을 보면, 성경말씀을 통해 하나님의 음성을 듣게 될 때가 많다. 이런 경우에 하나님은 우리가 잘 아는 말씀이나 암송 구절을 주로 사용하신다.

어릴 때 나는 무척 겁이 많았다. 특히 귀신을 무서워했다. 혼자 있거나 어두운 곳을 지나갈 때면, 겁이 나서 정신을 차릴 수 없었다. 지금 생각해 봐도 도가 지나칠 정도였던 것 같다. 행여 귀신이 나오는 꿈이라도 꾸면, 덮고 있던 이불이 땀으로 흠뻑 젖을 정도였으니까.

그래서 나는 교회 목사님에게 '비장의 말씀'을 처방받아(?) 암송하게 되었다.

하나님께 복종할지어다 마귀를 대적하라 그리하면 너희를 피하리라(약 4:7).

정말 그 말씀을 열심히 외웠다. 그러던 어느 날, 귀신이 나오는 꿈을 꾸었다. 꿈인데도 얼마나 시달렸는지 "하나님, 살려주세요!"라고 애원하던 기억이 생생하다. 바로 그때, 하나님이 내 '비장의 무기'를 떠올리게 하셨다. 나는 즉시 야고보서 4장 7절을 암송하며 선포했다. "예수 그리스도의 이름으로 명령한다. 사탄아, 썩 물러가라!" 그런데 정말 말씀을 외우고 선포하자마자 귀신들이 감쪽같이 사라졌다.

신기하게도, 나는 그 이후부터 귀신을 두려워하지 않게 되었다. 내가 암송한 말씀의 내용처럼, 내가 공격하고 마귀가 피하는 형국이 된 것이었다. 그러니 당신 또한 말씀을 암송하기를 권한다. 꿈에서도 기억날 정도로 철저하게 외워라.

광야에서 40일 동안 금식하신 뒤에 사탄에게 시험받으신 예수님도 구약의 성경말씀을 인용하여 모든 유혹에서 승리하셨다. 이렇게 하나님은 성경 구절을 기억나게 하셔서 우리에게 말씀하신다. 그러므로 가능한 한 성경을 많이 암송하라. 하나님의 음성을 듣고 분별하는 데 큰 도움을 얻을 것이다.

하나님의 말씀에는 능력이 있다. 읽고 외우고 말하는 것만으로도, 전능하신 하나님의 능력과 역사를 삶의 현장에 임하게 하는 열쇠가 된다. 또한 말씀은 하나님의 음성에 귀 기울이는 우리의 마음이 혼란과 의심과 어두움에 빠지지 않도록 빛을 밝히며, 방향을 제시한다. 정말 하나님의 음성을 듣고 싶다면, 성경을 가까이하는 일부터 시작하라. 하나님의 음성을 듣는 삶에는 왕도가 없다.

8.

경건한 삶이
열쇠다

경건을 연습하라

경건은 은사가 아니다

이번 장은 하나님의 음성을 듣는 삶에서 가장 중요한 내용을 담고 있다. 성경은 하나님을 만나고 교제하는 것(하나님의 음성을 듣는 것, 묵상, 중보기도, 예배 등)의 모든 삶을 '경건'(godliness)이라는 한 단어로 표현한다. 그렇다면 경건은 은사일까?

여기에서 은사란 하루아침에 하늘에서 뚝 떨어진 하나님의 선물을 의미한다. 만약 경건도 은사라면, 금식기도원에 들어가 나무 한 그루를 붙잡고 이렇게 기도하면 되지 않을까?

"주님, 지금 당장 저를 경건하게 만들어 주시던가, 아니면 지금 이 자리에서 데려가 주세요!!"

하지만 경건은 '은사가 아니다!' 열심히 기도한다고 단번에 경건해지지 않으며 하루아침에 하나님 음성을 척척 알아들을 수 있게 되는 것도 아니라는 말이다. 배우고 적용하고 연습하는 동안에 실패와 시행착오를 여러 번 거쳐야만 어느 정도 수준에 오를 수 있다.

하나님의 음성 듣는 법을 강의하다 보면, 많은 사람이 '강의 내용을 잘 들으면 나도 곧바로 하나님의 음성을 듣게 되겠지'라고 생각하는 것을 본다. 하지만 그렇지 않다. 우리 민족은 성향 자체가 다혈질이며 성격이 급하고, 게다가 샤머니즘의 영향까지 받은 터라 몹시 빨리 변화되고 빨리 결과를 내고 싶어 한다. 이는 신앙 문제에서도 예외가 아니다. 자신이 믿음으로 뭔가를 했다면, 당장 변화가 나타나야 한다고 생각하는 경향이 있다. 다시 한 번 말하지만, 그렇게 쉽고 빠르게 경건해질 수 있는 사람은 그 어디에도 없다.

경건은 훈련으로 완성된다

성경은 경건에 이르기 원하는 모든 사람에게 경건을 '연단하라'고 권면한다(딤전 4:7). 이 구절에서 '연단'이라는 말로 번역한 영어 단어는, '훈련하고 실행한다'는 뜻을 가진 'train'과 'exercise'다. 즉, 경건은 '연습과 훈련'으로 얻어진다는 말이다. 경건은 절대로 은사가 아니다. 그러므로 하루아침에 경건해질 것을 기대하지 말라. 우리는 그리스도의 장성한 분량까지 자라야 할 사람들이다(엡 4:13). 하나님의 음성 듣는 일은 결코 단번에 완성되지 않을 것이다. 오직 꾸준한 연습과 훈련을 통해 기술을 늘리고 경험을 쌓아야 한다. 그런데 정말로 연습하고 훈련하면 경건해질까?

> 하나님은 사람이 아니시니 거짓말을 하시 않으시고 인생이 아니시니 후회가 없으시도다 어찌 그 말씀하신 바를 행하지 않으시며 하신 말씀을 실행하지 않으시랴(민 23:19).

우리는 책임이 따를까 봐 부담스럽기 때문에, 지킬 수 없는 말은 아예 하지 않으려고 노력한다. 그렇지만 하나님은 조금도 그런 부담을 갖지 않으신다. 하나님은 우리와 달리, 거짓말 하지 않으시는 분이다.

여기에서의 거짓말은 책임지지 못할 일을 무작정 떠벌리는 것을 말한다. 할 일을 맡겨 놓고는, 상황이 어려우면 "그냥 농담이었는데?"라거나 "웃자고 한번 얘기한 것뿐인데" 혹은 "하라고 했다고 정말 곧이곧대로 그렇게 하냐?"하며 책임을 회피한다. 민수기에서 말하는 거짓말은 바로 이런 것들이다.

그러나 하나님은 절대 그럴 분이 아니시다. 때문에 우리는 경건한 삶을 계속 훈련하고 연습할 수 있다.

또한 하나님은 후회하지 않으시는 분이다. 시켜 놓고 후회하고, 말씀해 놓고 후회하는 분이 아니다. 무슨 일이 있어도 말씀하신 바를 그대로 행하시는 분이다. 간단히 말하자면, 민을 수 있는 분이란 애기다. 당신은 그저 그 믿음으로 경건한 삶을 훈련하면 된다.

구하는 자에게 좋은 것을 주시는 하나님의 성품

너희 중에 누가 아들이 떡을 달라 하는데 돌을 주며 생선을 달라 하는데 뱀을 줄 사람이 있겠느냐 너희가 악한 자라도 좋은 것으로 자식에게 줄 줄 알거든 하물며 하늘에 계신 너희 아버지께서 구하는 자에게 좋은 것으로 주시지 않겠느냐(마 7:9-11).

하나님의 음성 듣는 삶을 꾸준하게 훈련하고 연습할 수 있는 또 다른 '보증서'는, 구하는 자에게 좋은 것을 주시는 하나님 아버지의 성품이다. 천하의 악당이라도 자식에게는 최고의 것을 준다. 하물며 하늘에 계신 우리 아버지는 어떠하시겠는가! 이 말씀은 이런 뜻이다. "하나님은 결코 그분의 음성을 듣겠다는 사람을, 이리저리 굴려서 비참하게 만들지 않으신다."
나는 결혼해서 자녀를 낳고 아버지가 된 뒤에야 이 말씀의 의미를 깨달았다. 나도 내 아이들에게 가장 좋은 것을 주고 싶다. 하나님도 마찬가지로 '내 아버지'로서 최선의 길을 늘 알려 주실 것이다. "우리가 알거니와 하나님을 사랑하는 자 곧 그의 뜻대로 부르심을 입은 자들에게는 모든 것이 합력하여 선을 이루느니라"(롬 8:28).

하나님의 음성을 나누었다가 잘못될까 봐 겁을 먹는 그리스도인이 많다.

'하나님의 음성을 듣고 순종했다가 이대로 쪽박 차는 건 아니겠지?'

'진지하게 하나님의 음성을 듣고 결정한 일인데, 이루어지지 않으면 낭패인데….'

사실 이런 경험은 누구에게나 다 있다. 꼭 하나님의 음성이 아니더라도, '그때 그렇게 해야 했는데…' 하는 아쉬움이 없는 사람은 아무도 없을 것이다.

하지만 하나님은 그분의 음성을 듣기로 선택한 우리의 결정 자체를 기뻐하신다. 하나님이 말씀하셨다고 믿었던 일이 실제로 일어나지 않았다 해도, 하나님은 기다림의 시간과 순종하는 태도를 통해 우리를 더 멋지게 만드실 것이다. 그분이 막판 뒤집기의 명수이며 반전의 대가라는 사실을 잊지 마라.

오직 하나님만이 우리 인생의 조각들을 짜 맞출 수 있다. 그러므로 하나님의 음성대로 일이 이루어지지 않았다고 섣불리 판단해서는 안 된다. 하나님의 음성을 들으려고 노력했다는 것 자체만으로도 소중하고 귀하다. 인생의 설계자와 주관자이신 하나님은 과거와 현재의 조화에서 평안과 소망 가득한 미래를 만들어 내신다. 그래서 우리는 하나님을 믿고 그분의 음성 듣기를 꾸준하게 연습할 수 있다.

하나님의 음성대로 이루어지지 않는다 해도

YWAM은 전세계에서 최초로, 올림픽 때 전도 캠페인을 벌이기 시작한 단체다.

1984년 LA 올림픽이 열릴 즈음, 예수전도단 지도자들이 모여서 올림픽 때 무엇을 하면 좋을지 하나님의 음성을 들은 적이 있다. 이때 하나님은 LA 올림픽에 2백 명의 한국 젊은이를 보낼 것이라고 말씀하셨다. 약속의 증거로 여러 개의 성경말씀까지 받았다.

지도자들 중 한 사람은 곧바로 대학생들을 모아 놓고, 하나님이 말씀하신 것을 들뜬 목소리로 나누며 도전했다. "이것은 하나님의 뜻입니다. 지금은 불가능해 보이겠지만 우리는 끝까지 순종할 것입니다! 모두들 믿음으로 신청합시다!"

당시 나는 대학교 3학년이었는데, 나를 비롯한 수많은 젊은이가 LA 올림픽 단기선교에 자원했다. 국방의 의무를 마치지 않은 남학생이 여권을 받는다는 것은 사실상 불가능한 시기였다. 일반인들도 여권 받기가 하늘의 별 따기보다 어렵던 때에, 병역 미필자가 대부분인 대학생 2백 명이 미국 LA에 간다는 것은 쉽게 이루어질 수 없는 일이었다. 정말 하나님이 일하시지 않으면 못할 일이었다. 하지만 우리는 하나님이 말씀하셨다는 사실 하나만 붙잡았다. 믿는 마음으로 2백여 명이 단기선교에 지원했다.

실제로 우리가 여권을 신청하러 가자, 외무부와 안기부(현

국정원) 담당자들은 기가 막혀서 아무 말도 하지 못했다. 내 기억으로 우여곡절 끝에 여권을 받은 사람은 열 명이 채 안 되었고, 그중에서 미국 비자를 받은 사람은 고작 두 명 정도였던 것 같다. 하나님의 음성대로 순종한 일의 결과라고 하기에는 너무 초라하지 않은가!

나중에 예수전도단 지도자들은 우리에게 이렇게 말했다.

"여러분, 하나님은 분명히 우리에게 LA 올림픽에 참석하라고 말씀하셨습니다. 그런데 비자는 겨우 두 명밖에 받지 못했습니다. 어찌된 일인지 우리도 모르겠지만, 예수전도단은 LA 올림픽 단기선교를 중단하기로 했습니다!"

나는 그 말에 정말 화가 많이 났다. "분명히 하나님의 음성을 들었다면서 결과가 이렇게 되다니! 하나님이 우리 갖고 노신 거 아니야? 저런 무책임한 지도자들 같으니라고! 일이 이렇게 되었는데 왜 그런지 모르겠다니…."

이 사건 이후 나는 한동안 하나님의 음성에 대해 부정적인 생각을 품었다. 지도자들에 대한 신뢰도 많이 무너졌다. 그때는 그 상황을 어떻게 이해하고 받아들여야 할지 도무지 알 수 없었다.

세월이 흘러 1996년이 되었다. 애틀랜타 올림픽이 개최되던 그 해에 나는 예수전도단의 지도자가 되어 있었다. 이번에도 지도자들이 함께 모여 올림픽 단기선교에 대한 하나님의 뜻을 구했다. 그때 하나님은 한국인 천 명을 애틀랜타로 보내겠다고 말씀하셨다. 하지만 나는 솔직히 그 말을 곧이곧대로 듣지 않았다. 1984년에 한 번 '데었던' 마음의 상처가 여전히 남아 있었기 때문이다.

하지만 애틀랜타 올림픽 때, 그곳에 다녀온 사람이 몇이나 되는지 아는가? 예수전도단에서만 천 명이 넘었다. 미국 대사관이 생긴 이래로 그렇게 많은 비자를 내준 것은 처음이었다고 한다.

천 명의 예수전도단 전도 팀을 이끌고 애틀랜타에 도착한 후에 전세계에서 온 수천 명의 YWAMer들과 만났을 때, 하나님이 내게 말씀하셨다.

"LA 올림픽 때를 기억하느냐? 그때 너는 무지 화를 냈었지?"

"예, 주님! 사실은 그 화가 아직도 다 안 풀렸습니다."

"그때 나는 너희에게 2백 명의 단기선교 팀을 보낼 것이라고 말했었다."

"그런데 왜 이루시지 않았나요?"

"예수전도단은 선교를 위해 존재하는 곳인데, 너희가 세계선교를 하는 데 가장 방해가 되는 한국의 문제를 그냥 내버려두고 있더구나. 그게 무엇인 줄 아느냐? '여권법'이었다. 당시 한국은 군사 독재 시절이었기 때문에 자국민의 해외여행을 두려워했지. 그래서 어떻게든 사람들을 해외로 보내지 않으려고 여권법을 운영하고 있었다. 장기선교사는 물론 단기선교사조차 쉽게 내보낼 수 없는 여권법이 있는 한, 세계복음화를 위해 젊은이들을 파송한다는 예수전도단의 꿈은 헛된 망상일 뿐이었다. 그런데도 너희들은 이 여권법을 바꿔 달라고 구체적으로 기도하지 않더구나. 그래서 그 심각성을 직접 피부로 느끼게 하려고 2백 명을 내보내라고 말했던 것이다."

정말 그랬다. 예수전도단은 LA 올림픽 사건을 통해, 한국의 여권법이 선교의 강력한 장애물이라는 것을 깨달았다. 그 후 법 개정을 위해 전심으로 기도하는 그룹들이 일어났다. 우리는 1988년에 실시된 '해외여행 자유화' 조치는, 바로 이 기도의 결과라고 믿고 있었다.

이 얼마나 놀랍고 오묘한 하나님의 지혜인가! 하나님은 정말 끝까지 신뢰할 만한 분이 아니신가!

애틀랜타 올림픽 때, 사람들은 천 명이 동시에 비자를 받기는 어려울 거라고 걱정해 주었다. 나중에 알게 된 사실이지만, 우르르 몰려간 우리 때문에 대사관의 비자 담당 영사도 깜짝 놀랐다고 한다. 하지만 올림픽 자원봉사자로 신청서를 낸, 천 명 모두 아무런 문제없이 비자를 받을 수 있었다. 그 까다로운 나라에서, 월급도 없는 예수전도단 사람들에게 군소리 없이 비자를 내준 것이다. 하나님이 행하시지 않고서야 어떻게 그런 일이 일어날 수 있겠는가!

하나님의 음성대로 되지 않더라도 그 안에 하나님의 뜻과 섭리가 반드시 있음을 믿어라. 하나님은 신실하신 분이다. 그러니 오늘도 하나님의 음성을 들으며 경건을 연습하라. 내가

장담할 수 있는 것은, 포기하지 않고 꾸준히 훈련하면 당신 또한 '경건한 삶'을 반드시 살게 될 것이란 사실이다.

저스트 두 잇!

경건한 삶을 훈련하는 데 가장 좋은 방법은 '나이키 요법'(특정 상품을 선전하려는 의도는 없다)이다. 이 요법은 바로 나이키 회사의 광고에 늘 등장하는 구호를 따라하는 것이다.

"Just do it!"

이 구호는 경건 훈련을 설명하는 데 '딱'이다.

하나님이 여러 가지 방법으로 당신에게 말씀하셨다면, 당신은 그냥 바로 '순종해 버리는' 것이 좋다. 성경에도 나오지 않는 질문을 두고 '내 음성인가, 하나님 음성인가' 하고 고민하면서 괜히 헷갈릴 필요가 없다. 하나님은 큰일과 작은 일 중, 작은 일부터 말씀하신다. 그래서 백 원도 못 내놓는 사람에게 처음부터 1억 원 내놓으라고 요구하지 않으신다. 백 원부터 내놓는 훈련을 해야만, 나중에 1억 원도 헌금할 수 있는 법이다. 역사 속에 기록된 수많은 믿음의 부자들도 처음에는 1페니, 1실링부터 헌금했던 사람들이다. 그들이 주님을 위해 몇 억, 몇 십 억, 몇 백 억까지 척척 내놓을 수 있었던 것은, 모두 훈련 덕분이다.

하나님은 갑자기 당신의 현 수준을 뛰어넘지 않으신다. 차근차근 경건한 삶을 훈련시키신다. 그러므로 하나님이 당신에게 말씀하시거든, 일단 그냥 순종해 버려라. 계산기 두드리며 머리 굴리지 말고, 일단 작은 것부터 순종하는 연습을 하라. 그것이 '경건한 삶'이다.

하나님의 음성을 듣고 순종했는데, 결과가 나빠서 자존심이 상할 때도 있을 것이다. 그럴 때는 이렇게 기도하라.

"하나님, 그래도 저는 하나님의 음성 듣기를 포기하지 않겠습니다. 저도 경건이 은사가 아니라는 사실을 잘 압니다. 하나님, 다시 시작합시다."

오히려 그 상황을 새로운 깨달음의 기회로 삼아라. 이때 사용할 수 있는 좋은 질문이 있다. 조이 도우슨 여사가 늘 강조하시는 '백만 불짜리 질문'이다. "하나님, 지금 이 상황을 통해 제게 무엇을 가르치고자 하십니까?"

다시 한 번 말하지만, 경건 훈련에서 'Just do it!'만큼 효과적인 방법은 없다. 머릿속에서 정리된 후, 확신이 들면 하겠다는 생각은 타협에 지나지 않는다. 작은 것부터 'Just do it!' 해야 한다.

오늘 하나님이 묵상을 통해서 말씀하신 것, 감동 주신 것이 있다면 일단 그대로 해보라. 그러면 경건한 삶을 살게 된다. 아무리 머릿속으로 '달리기는 이렇게 하고, 테니스는 이렇게 하고, 골프는 이렇게 해야 해'라며 수백 번 그려 보고 생각해 본들, 실제로 한번 해보는 것만 할까? 해봐야 실력이 생긴다.

그리고 또 하나, 실패를 두려워하지 않기 바란다. 실패를 많이 할수록 더 잘 배울 수 있다. 실패는 잘 안 되는 것이 아니다. 잘 안 된다고 포기하는 것이 진짜 실패다.

기도하던 중에 마태복음 29장 1절 말씀을 받은 적이 있다. '올 게 왔구나' 싶어서 재빨리 성경을 뒤져 봤지만, 마태복음에는 29장이 없었다. 하지만 허탈해할 필요는 없었다. 나는 그냥 '그래! 마태복음은 28장으로 되어 있었지!' 하며 유쾌하게 한 번 웃고 다시 시작했다.

아주 작은 것부터 하나님께 묻는 연습을 시작하라. 일상적인 것부터 하나님께 묻고, 그분의 지혜를 구하라. 책을 읽다가도 "하나님, 지금 이 책을 통해 제게 무엇을 가르치고자 하십니까?"라고 묻는다. 하나님이 말씀하고 가르치실 때가 있을 것이다. 직장에서 회의를 하거나 프로젝트를 진행할 때에도, 창조적인 아이디어와 방법을 달라고 하나님의 음성을 구할 수 있다. 결정해야 할 때도 잠시 여유를 갖고 하나님 앞에서 차근차근 돌아보며 그분의 음성을 듣는다면 좋은 훈련이 된다. 자녀를 교육할 때에도 하나님의 음성을 들어 보라.

하나님의 음성을 듣는 데 반드시 긴 시간이 필요하지는 않다. 오랜 침묵 후에 말씀하실 때도 있지만, 무조건 한 시간 이상 기다려야 한다고 생각하지는 마라. 그것은 편견이다. 오히려 하나님은, 특히 하나님의 음성 듣는 훈련을 처음 시작하는 사람에게는 즉시 응답하실 때가 많다.

하나님은 우리의 체질을 아신다(시 103:14). 나는 기다리는 걸 아주 힘들어하는 사람이다. 그래서 하나님은 내가 처음 그분의 음성 듣는 것을 훈련할 때, 빨리 말씀해 주셨다. 그렇게 하지 않으면 내가 포기할 것이라는 사실을, 나보다 더 잘 아시기 때문이다. 경건한 삶이 깊어진 뒤에는 또 그에 걸맞은 기다림의 훈련을 시켜 주신다.

지금도 나는 모든 기회를 하나님의 음성 듣는 훈련으로 삼고자 애쓴다. 하나님이 말씀하실 때마다 순종해 버린다. 그 덕분인지 크고 작은 역사들을 많이 경험하며 사는 것 같다. 당신 또한 그럴 수 있다. 이제 그만 편견은 전부 내다 버리고 겸손하게 순종하라.

경건은 은사가 아니다. 그저 누구나 'Just do it!' 하면 된다. 내 생각인지 하나님 음성인지 헷갈린다면, 작은 일부터 그대로 한번 해보라. 그래야만 배우고 성장할 수 있다.

주님께 안정감을 두라

하나님의 음성을 듣는 데 있어 '들었는가, 못 들었는가'보다 더 중요한 것은 하나님과의 관계다. 하나님과의 친밀한 관계가 가장 중요하다.

예수 그리스도를 영접하는 순간, 우리는 하나님과 화목하게 된다(롬 5:10; 엡 2:16). 하나님은 우리의 목자가 되시고 우리는 그분의 양이 된다. 그리고 양은 목자의 음성을 듣는다. 이렇게 맺은 하나님과 우리의 관계는 어떤 것으로도 끊을 수 없다.

> 내가 확신하노니 사망이나 생명이나 천사들이나 권세자들이나 현재 일이나 장래 일이나 능력이나 높음이나 깊음이나 다른 어떤 피조물이라도 우리를 우리 주 그리스도 예수 안에 있는 하나님의 사랑에서 끊을 수 없으리라(롬 8:38-39).

우리의 모든 안정감은 하나님의 사랑에 있다. 우리는 조바심을 내지만, 하나님은 요동하는 법 없이 양들을 인도하신다.

나는 하나님의 음성 듣는 법을 강의할 때마다 사람들에게 이렇게 질문한다.

"당신은 하나님의 뜻을 어떻게 알아차립니까?"

"하나님의 뜻을 깨달았던 경험이 있습니까?

"하나님이 살아 계시다는 것을 체험한 적이 있습니까?"

이 질문들은 모두 하나님의 음성을 듣는 것을 다른 말로 바꾼 것들이다. 이렇게 물어보면, 거의 모든 사람이 저마다의 체험을 이야기한다. 잘 들어 보면, 모두 다 하나님의 음성을 들은 경험이 있다. 다만 표현이 다를 뿐이고, 정리가 되어 있지 않을 뿐이다.

우리가 인정하건 하지 않건, 하나님은 예수 그리스도를 영접한 모든 사람과 사귐의 관계, 사랑의 관계를 맺으신다. 이

단순한 사실만으로도, 우리가 하나님의 음성을 듣고 사귀는 데에는 더 이상 아무런 문제가 없다. 우리가 먼저 하나님을 사랑하고 선택한 것이 아니다. 그분이 먼저 우리를 사랑하고 선택하셨다(요일 4:19). 이 일이 가능하도록, 예수님은 자진해서 십자가의 고통과 죽음을 견뎌 내셨다. 그러므로 하나님의 음성을 들을 때 혼란스럽고 답답하다고 해도, 문제 될 것은 없다. 다시 하면 되고 또 하면 되는 것이다.

어차피 하나님의 자녀들은 하늘 아버지의 뜻 가운데 살아가게 되어 있다. 하나님의 음성을 듣고 살아갈 운명을 타고난 것이다. 우리를 향한 주님의 사랑에 안정감을 두고 믿음으로 행한다면, 틀림없이 하나님의 음성을 들으며 그분을 더 깊이 알아 가게 될 것이다.

충성하라

충성은 하나님이 말씀하신 대로 행하는 것이다. 내 생각대로 추측하고 짐작해서 하는 것은 충성이 아니다. 하나님이 말씀하신 바대로 끝까지 해내는 것이 충성이다. 그래서 하나님은 충성하는 자에게 말씀하신다. 듣기만 하고 행하지 않는 것은 죽은 행실이고, 죄다(약 2:17, 26).

2003년에 예수전도단 대표로 취임하면서, 잠시 심각한 고민에 빠졌던 적이 있다. 그래도 이름이 많이 알려진 단체의 대표가 될 사람인데, 내세울 만한 게 별로 없다는 이유 때문이었다.

예수전도단을 설립하신 오대원 목사님은 예수전도단 안팎에서 '인격자요 사랑 많은 분'으로 인정받고 계시다. 한국인보다 한국을 더 사랑하는 미국인 오 목사님은 우리나라를 위해 평생을 다 바친 분이다. 예수전도단 전(前) 대표이신 홍성건 목사님도 경건한 삶과 깊이 있는 가르침으로 널리 알려진 분이다. 아침마다 주님 앞에서 한두 시간 앉아 있는 것은 기본이고, 성경 66권별로 묵상노트가 따로 있을 만큼 하나님의 성품을 오랫동안 공부하고 연구해 오신 분이다.

하지만 나는 전혀 그렇지 못했다. 좀이 쑤셔서 한 시간 이상 같은 자세로 앉아 있지 못한다. 꼭 중간에 일어나서 딴 짓을 해줘야 다시 이어 갈 수 있는 체질이다. 그러면 오랜 연륜에서 나온 현명함이나 하다못해 '박사학위'라도 하나 있어야 할 텐데, 전부 나와는 거리가 먼 것들이었다.

목회자나 선교단체 사역자가 될 생각은 아니었지만, 대학 시절에 나는 어느 정도의 기본 성적만 유지하며 예수전도단 활동에 열심히 참여했다. 공부보다 예수전도단의 모임과 행사에 참석하는 것이 더 좋았다. 이렇게 나의 대학 시절은 실력보다는 이런저런 경험들을 쌓는 시간이었다. 그래서 나는 내놓고 자랑할 만한 학문이나 경력이 없다. 요즘 목회자와 사역자들은 대개 학위 한두 개쯤은 다 갖고 있다. 하지만 나는 고작해야 대학교와 신대원을 졸업한 것뿐이었다.

"도대체 내가 뭘 믿고 대표 자리를 받아들인 거지?"

하나님의 음성을 듣고 순종한 일이었는데도 나는 점점 더 심각한 고민에 빠져들었다. 솔직히 이때 '아직 늦지 않았어. 대표로 일하면서 좀 쉬운 방법을 찾아 박사학위 하나 따면 되겠지' 하는 생각도 해봤다는 것을 고백한다.

하지만 하나님은 내게 '대표로 섬기는 동안 하지 말아야 할 것들'을 말씀해 주셨다. 그중에서 제일 첫 번째가 바로 '학위'였다. 그것을 생각하자 문득 옛날 일이 떠올랐다. 원래 나의 장래희망은 목사가 아니었다. 좀 특이하지만, 어렸을 때부터 나의 꿈은 '공장장'이 되는 것이었다. 나는 훌륭한 공장장이 되어 직공들과 함께 행복하게 살고 싶었다. 그래서 예수전도단 활동은 대학 시절 잠깐 경험하는 훈련 정도로만 여기고 있었다. 그러다 4학년 2학기 때 하나님과의 밀고 당기는 씨름 끝에 그분의 음성을 듣고 사역자의 길을 걷게 된 것이다.

하지만 나는 신대원을 졸업하고 목사 안수를 받기 전까지도 이런 기도를 드리곤 했다.

"주님, 저를 계속 이렇게 놔두실 겁니까? 아직 늦지 않았으니 공장장으로 보내 주옵소서. 저는 언제든 목사 직함을 포기하고 기쁜 마음으로 공장장 할 수 있습니다!"

결국, 목사 안수를 받은 지 얼마 지나지 않아 공장장의 꿈을 내려놓고 말았다. 하나님이 이렇게 말씀하셨기 때문이다.

"나는 네가 만약 공장장이 된다면 맡게 될 공장이 너무 걱정된다. 너는 잘할 수 있을 거라고 생각하지만, 나는 그렇게 생각하지 않는단다."

냉정하게 생각해 보니, 그 말이 틀리지 않다는 것을 인정할 수밖에 없었다. 그렇게 나는 공장장의 꿈을 접었다.

나는 그때를 기억하며 내 자신의 어리석음을 깨달았다. 소박하다면 소박한 꿈을 꾸던 내가, 겨우 대표라는 직함과 사람들의 시선 때문에 자신에게 맞지 않는 옷을 입으려 했었다는 사실을 깨닫게 된 것이다. 그래서 나는 대표 임기 동안에는 어떤 학위도 딸 생각이 없다. 만약 한다 하더라도 학위 때문이 아니라 학문을 연구하고 싶어서 할 것이고, 가능한 대표직을 내려놓은 뒤에 할 생각이다.

끝까지 들어라!

하나님의 음성을 듣고 행하고 싶다면, 인내심을 갖고 끝까지 들어야 한다. 하나님이 또 다른 계획을 준비하실 수도 있고, 일의 과정과 진행을 바꾸실 수도 있기 때문이다.

창세기 22장을 보자. 아브라함은 이삭을 제물로 바치라는 하나님의 음성을 듣고, 그대로 순종한다. 그래서 이삭을 묶어 제단 위에 올려놓는다. 그리고 이삭의 심장을 향해 칼을 가져가는 순간, 하나님이 두 번이나 다급하게 아브라함을 부르신다.

만일 이 다급한 상황에서 아브라함이 하나님의 음성에 응답하지 않았다면 어떻게 되었을까? 약속의 아들인 이삭은 경솔하고 성급한 아버지 때문에 허무한 죽음을 맞았을 것이다. 하지만 아브라함은 칼을 들고 이삭을 죽이려는 순간까지도 하나님께 귀를 열어 놓고 있었다.

> 손을 내밀어 칼을 잡고 그 아들을 잡으려 하니 여호와의 사자가 하늘에서부터 그를 불러 이르시되 아브라함아 아브라함아 하시는지라 아브라함이 이르되 내가 여기 있나이다 하매 사자가 이르시되 그 아이에게 네 손을 대지 말라 그에게 아무 일도 하지 말라 네가 네 아들 네 독자까지도 내게 아끼지 아니하였으니 내가 이제야 네가 하나님을 경외하는 줄을 아노라(창 22:10-12).

하나님은 이미 이삭 대신 사용할 제물을 준비해 놓고 계셨다. 그리고 아브라함을 불러 이삭을 죽이지 못하게 막으시고, 그 대신 어린 양을 바치라고 말씀하셨다(창 22:13).

이렇게 하나님의 음성을 들을 때는 서두르지 말고 끝까지 기다리며 귀 기울이는 것이 좋다. 하나님이 말씀하지 않으신다면 '하나님, 더 하실 말씀은 없으십니까?'라고 질문해 보는 것도 좋다. 또한 하나님의 음성을 듣고 순종하는 과정 중에도 계속해서 하나님께 귀를 열어 놓아야 한다. 하나님의 뜻과 섭리는 우리의 생각과 비교할 수 없을 만큼 깊고 현명하기 때문이다. 그러므로 내가 들은 것이 전부가 아닐 수 있음을 늘 기억하는 것이 바람직한 자세다.

그리고 하나님의 음성을 이미 들었다 하더라도, 하나님이 그 일에 대해 다른 말씀을 하시면 언제든 듣고 다시 시작할 수 있어야 한다. 그것이 순종이며 충성이다.

이 일들이 어렵고 힘들게 느껴지는가? 하나님의 음성을 듣는 삶은 오직 연습과 훈련의 반복을 통해 터득하고 완성할 수 있다는 것을 기억하자. 우리가 포기하지만 않는다면, 신실하신 주님은 반드시 우리 안에 놀라운 일을 이루실 것이다.

9.
우리 같은 사람도

교만이 머리끝까지 뻗치지 않았다면, 하나님의 도움 없이 자신의 능력과 지식만으로 넉넉히 살아갈 수 있다고 말할 사람은 없을 것이다. 겉으로 내색하지는 않아도, 우리는 자신의 부족한 면을 볼 때마다 불안해하고 갈등하며 괴로워한다. 그래서 더욱더 하나님의 음성을 갈급해한다.

이 책을 마무리하면서 나는, 능력도 지식도 한참 모자라지만 하나님의 음성을 듣고 큰 용사로 거듭난 사람의 이야기를 들려줄 것이다. 이 이야기를 통해, 우리같이 연약한 사람들도 충분히 하나님의 음성을 듣고 순종할 수 있음을 나누고 싶다.

용사로 거듭난 겁쟁이

사사기는 출애굽 이후에 약속의 땅 가나안에 들어가서 쓴 책이다. 길고도 긴 광야생활을 마치고 약속의 땅에 들어갔지만, 이스라엘 백성은 여전히 위험과 어려움을 겪었다. 그곳에 남아 있던 다른 나라들과 민족들은 이스라엘 백성을 곱게 놔두지 않았다. "이스라엘 자손이 또 여호와의 목전에 악을 행하였으므로 여호와께서 칠 년 동안 그들을 미디안의 손에 넘겨 주시니 미디안의 손이 이스라엘을 이긴지라 이스라엘 자손이 미디안으로 말미암아 산에서 웅덩이와 굴과 산성을 자기들을 위하여 만들었으며"(삿 6:1-2). 하나님이 그렇게 하신 데에는 다 이유가 있었다.

이스라엘을 시험하사 여호와께서 모세를 통하여 그들의 조상들에게 이르신 명령들을 순종하는지 알고자 하였더라(삿 3:4).

하나님은 이스라엘 백성이 누구의 말을 듣는지 시험하고 계셨다. 이스라엘 백성이 하나님의 음성을 들으면, 열국은 이스라엘을 축복하는 도구로 사용될 것이다. 이스라엘은 열국 덕분에 영토를 넓히고 자신들이 수고하지 않은 노획물들로 부강한 나라가 될 것이다.

하지만 반대로 하나님 음성을 듣지 않을 경우, 열국은 하나님이 이스라엘을 심판하시는 데 가장 큰 도구로 사용될 것이다. 이후 사사기의 역사에는 하나님의 음성을 듣고 승리하는 이스라엘과 하나님의 음성을 듣지 않아 심판받는 이스라엘의 모습이 반복해서 나타난다. 이렇게 혼란이 극에 달하던 사사기 때에 한 사람이 등장하는데, 그의 이름은 기드온이다.

이 시대에 미디안 족속은 이스라엘을 핍박하는 '열국'으로 사용되었는데, 이들은 잔인하고 교묘하게 이스라엘 백성을 괴롭혔다. 추수할 때 쳐들어와서 모든 수확물을 빼앗고 약탈했다. 이스라엘 백성이 이런 어려움을 당한 까닭은, 앞서 말했듯이 하나님을 떠나 그분의 음성을 듣지 않았기 때문이었다.

미디안의 무차별 약탈이 반복되자 괴로워진 이스라엘 백성은 그제야 하나님을 찾았다. 자신들을 도와 달라고 부르짖었다. 그들의 부르짖음에 대한 하나님의 응답이 바로 기드온이었다. 그런데 '하나님의 응답'이라는 위대한 용사의 데뷔 장면은 조금 이상하다.

> 여호와의 사자가 아비에셀 사람 요아스에게 속한 오브라에 이르러 상수리나무 아래에 앉으니라 마침 요아스의 아들 기드온이 미디안 사람에게 알리지 아니하려 하여 밀을 포도주 틀에서 타작하더니 여호와의 사자가 기드온에게 나타나 이르되 큰 용사여 여호와께서 너와 함께 계시도다 하매(삿 6:11-12).

하나님의 사자가 '이스라엘을 미디안의 손에서 구원하라'는 멋진 명령을 전하던 바로 그때, 기드온은 무엇을 하고 있었는가? 포도주 틀에서 밀을 타작하고 있었다.

포도주 틀은 큰 바위에 동그란 구덩이를 파서 포도를 넣고 밟아 즙을 만들어 내는 곳이다. 상식적으로 거기에서는 곡식을 타작하지 않는다. 우리나라로 친다면, 목욕탕 욕조에서 쌀을 타작하는 셈이다. 도대체 기드온은 왜 이렇게 해괴한 방법으로 밀을 타작한 것일까?

이유는 간단했다. 밀을 수확했다는 사실을 미디안 사람에게 들키지 않으려고 잔머리를 굴렸던 것이다. 기드온도 미디안을 피하고 싶어 했던 보통 사람이었다. 다른 이스라엘 백성과 똑같이 미디안을 두려워했던, 겁쟁이였다.

그런 기드온 앞에 여호와의 사자가 나타나 "큰 용사여 여호와께서 너와 함께 계시도다"라고 선포하고 있다. 갑자기 이런 황당한 일을 겪게 되었을 때, 기드온은 어떤 기분이 들었을까? 기쁘고 행복했을까?

히브리말로 '큰 용사'는 '아주 용감하고, 대담하고, 두려움 없는 군사'라는 뜻이다. 그러므로 여호와의 사자가 기드온에게 한 말은 언제 들어도 좋을, '매우 심한 칭찬'이다. 문제는 과연 이런 칭찬이, 미디안 사람이 두려워 겁이 난 나머지 포도주 틀에서 몰래 밀을 타작하는 기드온에게 어울리는 말이냐는 점이다. 쉽게 말하자면, 남몰래 잘못을 저지르는 현장에 주님이 나타나셔서 "나의 거룩한 종 아무개야, 내가 너와 함께 있다!"라고 말씀하시는 것과 같다. 이럴 때, 마음이 어떻겠는가? 엄청 창피해서 쥐구멍이라도 찾아 들어가고 싶을 것이다.

기드온도 그런 심정이었다. 그런데 사람이 너무 창피하고 수치스러우면, 오히려 공격적인 반응을 보일 때가 있다. 기드온도 그렇게 반응했다. 여호와의 사자가 하는 말을 들은 기드온은, 꼴에 자존심은 있어서 이렇게 받아친다.

기드온이 그에게 대답하되 오 나의 주여 여호와께서 우리와 함께 계시면 어찌하여 이 모든 일이 우리에게 일어났나이까 또 우리 조상들이 일찍이 우리에게 이르기를 여호와께서 우리를 애굽에서 올라오게 하신 것이 아니냐 한 그 모든 이적이 어디 있나이까 이제 여호와께서 우리를 버리사 미디안의 손에 우리를 넘겨주셨나이다 하니(삿 6:13).

이 말을 풀어 보면 이와 같다. 잔뜩 짜증이 난 기드온의 모습을 상상하며 읽어 주기 바란다.

"하나님이 함께하신다고요? 웃기지 마세요! 하나님이 함께하신다면, 제가 왜 이런 짓이나 하고 있겠습니까? 옛날에는 홍해도 가르셨다면서요? 그런 능력의 하나님은 대체 어디 계신가요? 우리를 버리신 것이 아닌가요? 오죽하면 제가 이러고 있겠어요? 하나님이 함께하신다는 것은 다 지나간 옛날이야기 아닙니까?"

비겁하게도 기드온은 모든 책임을 하나님께 전가했다. 하지만 우리에게도 이런 경험은 있다. 누구나 '내 잘못은 없고 전부 하나님 탓'이라며 분노하던 경험이 한 번쯤 있을 것이다.

내가 현재 대표로 섬기고 있는 예수전도단은 전임 간사 천 명과 협력 간사 5백 명으로 이뤄진, 나름 대형 선교단체다. 그래서 나는 늘 리더로 세울 만한 사람을 찾는 데 관심이 많다. 그런데 절대 리더로 세우면 안 되겠다 싶은 사람들이 종종 있다. 자기 잘못은 하나도 없고 전부 남의 탓이라고 입버릇처럼 말하는 사람 말이다. 이들에게 책임을 다하지 못한 이유를 물어보면 '이것은 이래서 못했고 저것은 저래서 못했다'는 핑계만 늘어놓는다. 결국 일이 잘못된 것은 다른 사람과 상황 탓이지 자기 잘못이 아니라는 얘기다. 이런 사람은 리더로 세우면 안 된다. 이런 사람이 리더가 되면 처음부터 끝까지 자기 것만 챙기고, 떠날 때도 끝이 좋지 않다.

내가 너를 쓰겠다

못나고 비겁한 기드온의 태도에도 불구하고, 하나님은 그에게 하려고 하셨던 말씀을 끝까지 다 하신다.

> 여호와께서 그를 향하여 이르시되 너는 가서 이 너의 힘으로 이스라엘을 미디안의 손에서 구원하라 내가 너를 보낸 것이 아니냐 하시니라(삿 6:14).

기드온이 어떤 반응을 보이든 상관없이 반드시 그를 이스라엘의 구원자로 사용하고야 말겠다는 하나님의 굳은 의지를 보여 주는 구절이다. 사실 기드온이 이런 식으로 나오면, 하나님도 "오냐, 내가 사람 잘못 봤다. 이거 기본도 안 되어 있는 놈이네. 나도 너 같은 놈 안 써!" 하고 그만두셔야 한다. 그런데도 하나님은 초지일관 "네가 뭐래도 나는 너 쓸 거야!"라고 말씀하신다. 도저히 하나님에게서 빠져나갈 수 없음을 깨달은 기드온은 그제야 자신의 정체를 밝히고 하나님께 투항한다.

> 기드온이 그에게 대답하되 오 주여 내가 무엇으로 이스라엘을 구원하리이까 보소서 나의 집은 므낫세 중에 극히 약하고 나는 내 아버지 집에서 가장 작은 자니이다(삿 6:15).

자신은 이스라엘을 구원하는 것은 상상하거나 꿈꿔 본 적도 없고, 집안 내력을 보더라도 그런 큰일을 할 만한 실력이나 가능성이 전혀 없다는 얘기다.

"하나님, 제가 어떻게 그런 일을 합니까? 저희 집 족보를 보세요. 지금까지 훌륭한 장수 한 사람 나온 적이 없다고요. 아니, 장수는커녕 정상적으로 군대를 다녀온 사람도 없습니다. 조상 중에 그럴싸한 장군이나 하다못해 해병대 출신이라도 하나 있어야 제게서 그런 일을 할 만한 가능성을 볼 수 있는 게 아니겠습니까? 우리 므낫세 지파는 이스라엘 열두 지파 중에서 가장 약하고 보잘것없는 가문입니다. 저는 그런 큰일을 생각조차 해본 적이 없습니다. 이스라엘을 미디안의 손에서 구원하라니요. 말도 안 됩니다."

나는 기드온의 심정이 조금은 이해된다. 나도 족보와 관련해서 할 얘기가 별로 없기 때문이다. 족보에 유명한 사람들이 좀 있어 줘야 남들과 대화할 거리가 있을 텐데, 문씨(文氏) 가문의 조상님들은 유독 평범하게 살다 가신 것 같다. 그나마 가장 유명한 사람이 '문익점'이어서, 문씨 가문 사람들은 대개 이분을 기준으로 '문익점 할아버지의 몇 대손'이라고 자신을 소개한다. 반면에 성이 김씨(金氏)인 내 아내는 자기 족보에는 왕도 곧잘 나온다고 자랑한다. 그래서 나는 아내와 족보 싸움은 아예 안 한다. 게다가 가장 치명적인 사실은 현재 세계적으로 가장 유명하고 큰 영향력(?)을 미치는 문씨는 통일교 교주인 문선명이란 점이다. 그래서 나는 앞으로도 결코 족보 얘기는 할 생각이 없다.

기드온도 자신은 보잘것없는 집안의 가장 작은 자이기에, 아무 쓸데없다고 애원한다. 히브리어로 '작다'는 말은 단순히 '체구가 왜소하다'는 것뿐만 아니라 소심하고 용기 없고 리더십이 없다는 의미까지 담는다. 극히 약한 집안의 제일 작은 자 기드온. 하나님은 그런 기드온에게 "큰 용사여, 하나님이 너와 함께하신다"라고 말씀하신다. 자신의 처지와 입장을 잘 안다면, 기드온이 고민하지 않을 수 없는 상황인 것이다. '대체 왜 이러시는 거지? 아무래도 번지수를 잘못 찾으신 거 같은데…."

이쯤 되면 하나님의 명령과 자신의 처지 사이에서 갈등할 수밖에 없다. 아무리 하나님의 음성이라고 해도, 도저히 실현 가능성이 없어 보이는 일이기 때문이다.

"주님, 아무리 그래도 제가 어찌 그런 일을 할 수 있겠습니까? 전 못합니다."

아무리 설득해 봐도 여호와의 사자는 요지부동이다.

여호와께서 그에게 이르시되 내가 반드시 너와 함께하리니 네가 미디안 사람 치기를 한 사람을 치듯 하리라 하시니라(삿 6:16).

단 한 명도 상대하지 못할 것 같은 기드온이 오히려 미디안 전체를 쳐서 쓰러뜨릴 것이라고 예언하신다. 여기서 잠깐 생각해 보자. 하나님의 음성과 기드온의 현실 중에서 어느 쪽이 합리적이라고 생각하는가? 어느 쪽이 논리적인 생각인가? 때때로 하나님은 이렇게 우리의 합리성과 논리성을 초월하여 말씀하신다.

그런데 이 장면에서부터 겁쟁이 기드온의 태도가 조금씩 변하기 시작한다. 놀랍게도 '나는 연약하지만, 내게 말씀하신 분이 정말 하나님이시라면 그대로 될 것이다!'라는 믿음을 갖기 시작한 것이다. 그래서 기드온은 여호와의 사자에게 한 가지 제안을 한다.

> 나와 말씀하신 이가 주 되시는 표징을 내게 보이소서(삿 6:17).

이 말은 미디안과 싸우라는 메시지가 자신의 생각인지, 하나님의 음성인지 헷갈려서 나온 것이 아니다. 현실을 뛰어넘는 하나님의 음성 앞에서 "하나님, 정말 당신이십니까?"라고 묻는 것이다. 정말 하나님이라면, 기드온의 조건과 능력에 상관없이 말씀하신 바를 성취하실 것이기 때문이다. 겁쟁이 기드온에게도 그런 믿음은 있었다.

구약성경에서, 말씀하신 이가 하나님이라는 것을 입증하는 방법 중에 가장 대표적인 것은 제물을 드리는 것이다. 드린 제물이 불에 타면, 말씀하신 이가 하나님이며 제물을 받으셨다는 증거였다.

기드온도 염소 새끼와 무교전병과 국을 반석 위에 쌓고는, 국물 한 방울 남기지 않고 제물 위에 다 부었다. 그런 후 여호와의 사자가 지팡이를 댔더니 반석에서 불이 나와 제물을 몽땅 다 살라 버렸다. 지금까지 기드온과 대화한 분이 정말 하나님이었다는 증거였다.

'극히 약한 집안의 제일 작은 자' 기드온은 갑자기 새로운 걱정을 하게 된다. 거룩하신 여호와 하나님을 맨 몸(?)으로 뵈었으니, 죽게 될까 봐 두려웠던 것이다. 죄성을 가진 사람이 거룩하신 하나님을 만나면 살아남을 수 없다는 것을 어디선가 들었던 모양이다.

'하나님을 만났으니 이제 나는 죽은 목숨이로구나.' 기드온은 정말 소심하고 대책 없는 겁쟁이였다. 기드온이 하도 두려워하니까 하나님이 달래 주신다.

> 여호와께서 그에게 이르시되 너는 안심하라 두려워하지 말라 죽지 아니하리라 하시니라(삿 6:23).

그날 밤, 하나님은 기드온에게 그의 아버지 집에 세워진 바알 제단을 헐고 아세라 목상들을 찍어 번제로 드리라고 말씀하신다. 겁쟁이 기드온이 저지르기에는 너무 과격하고 위험한 명령이라고 생각하는가? 나는 그렇게 생각하지 않는다. 기드온이 아무것도 갖춰지지 않은 상태라면 무리한 요구일 것이다. 그러나 이미 하나님은 기드온이 순종할 수 있도록 물밑 작업을 해놓은 상태였다. 기드온은 비록 겁쟁이였지만, 살아 계신 하나님을 생생하게 체험해 본 사람이었다. 자신이 해야 할 임무 때문에 마음이 갑갑했겠지만, 그 일을 명하신 분을 생각하면 못할 것도 없겠다 싶은 마음이 들었을 것이다.

전통적인 장로교회에서 모태 신앙인으로 성장한 나는, 하나님의 권능이 나타나는 기적의 현장을 접해 본 경험이 거의 없다. 그렇다고 이적과 기사를 믿지 않는다는 얘기는 아니다. 직접 체험한 적은 없지만, 수많은 선교 현장에서 초자연적인 하나님의 역사가 계속 일어나고 있다는 것을 누구보다도 잘 안다.

예수전도단의 선교사역에도 이런 사례는 비일비재하다. 예수전도단에서 파송한 방글라데시 선교사가 현지인 훈련생들과 함께 산 속의 미전도 부족을 찾아간 적이 있었다. 그들은 마을에 들어가 "하나님께는 능치 못하실 일이 없다!"라고 담대하게 복음을 전했는데, 공교롭게도 때마침 그 마을 추장의 아들이 죽게 되었다. 그런데 갑자기 추장이 전도 팀을 불러서 따지듯이 말했다.

"너희가 믿는 하나님은 능치 못할 일이 없다고? 그렇다면 그 하나님에게 부탁해서 내 아들을 살려다오! 만약 내 아들을 살려 내지 못한다면 너희의 말은 전부 거짓말이다!"

추장의 요구를 거절했다가는 험악한 일이 벌어질 분위기였기 때문에, 전도 팀은 어쩔 수 없이 추장 아들의 시체가 있는 곳에 들어가 믿음으로 기도하기 시작했다. 무슨 일이 생길지 아무도 예상할 수 없는 상황이었지만, 그들은 시체 주위를 빙 둘러앉아서 열심히 기도했다.

잠시 후 놀라운 일이 일어났다. 놀랍게도 죽은 추장 아들이 살아난 것이었다. 이 놀라운 광경 앞을 직접 본 부족 전체는 그 자리에서 예수님을 믿기로 작정했다. 하나님은 오늘도 변함없이 우리의 믿음을 통해 기적을 행하신다. 그분의 권능과 기적을 아직 내 눈으로 직접 보지 못한 것이 아쉬울 따름이다. 기적을 체험할 수 있다면, 더욱 강한 확신으로 담대하게 하나님을 위해 살 수 있을 것 같다.

만약 내가 기드온이었다면 어떻게 했을까? 나라면 당장 아버지에게 달려가서 이렇게 말했을 것이다.

"아버지, 이스라엘 백성으로서 이 우상들이 다 뭡니까? 제가 방금 살아 계신 하나님을 직접 뵈었는데, 그분이 우리 집의 모든 우상들을 찍어서 태워 버리라고 명하셨습니다!"

그러고는 집안의 우상들을 다 때려 부수고 불태울 것 같다. 하지만 기드온은 제단의 불을 직접 보고도 하나님의 명령이 여전히 부담스러웠던 모양이다. 그래서 한밤중에 몰래 우상들을 찍어 불태우고 잽싸게 줄행랑을 쳤다(삿 6:27). 사실 겁쟁이 기드온으로서는 이것만으로도 대단한 일이었다.

어쨌든 다음 날 기드온의 동네에 난리가 났다. 누군가가 신들을 찍어 불태웠으니 얼마나 화가 났겠는가? 마을 사람들은 신을 모독한 자를 찾아 복수하겠다며 탐문수사를 벌인다. 결국 기드온이 범인이라는 사실이 밝혀지자 기드온의 아버지 요아스에게 몰려가 아들을 내놓으라고 으름장을 놓았다. 그런데 기드온의 아버지도 보통 사람은 아니었던 모양이다. 오히려 배짱을 부리며 이렇게 말하는 것이 아닌가.

> 요아스가 자기를 둘러선 모든 자에게 이르되 너희가 바알을 위하여 다투느냐 너희가 바알을 구원하겠느냐 그를 위하여 다투는 자는 아침까지 죽임을 당하리라 바알이 과연 신일진대 그의 제단을 파괴하였은즉 그가 자신을 위해 다툴 것이니라 하니라(삿 6:31).

기드온 아버지가 이치에 맞는 말을 하자, 사람들은 그냥 물러설 수밖에 없었다. 하지만 그냥 돌아가기는 뭣했는지 기드온에게 '여룹바알'(바알이 때려죽일 놈)이란 재미있는 별명을 지어 준다. 당연히 바알은 참 신이 아니었기 때문에 기드온은 아무런 해도 입지 않았다.

양털 시험과 하나님의 작업

이 사건 후 미디안과 아말렉, 동방 사람들의 연합군이 대대적인 이스라엘 침공에 나섰다(삿 6:33). 그러자 기드온에게 여호와의 영이 임했고, 기드온은 전쟁 나팔을 불며 군대를 소집한다.
 사람들이 모여들자 기드온은 또다시 겁을 내면서 고민에 빠진다. 미디안을 물리치고 이스라엘을 구원하라고 말씀하신 분은 하나님이 맞지만, 자기가 정말 그렇게 큰일을 감당할 자신이 없어진 것이다. 그래서 기드온은 하나님의 뜻을 구하기 위해 우리가 잘 아는 '양털 시험'을 요청한다.

> 보소서 내가 양털 한 뭉치를 타작마당에 두리니 만일 이슬이 양털에만 있고 주변 땅은 마르면 주께서 이미 말씀하심같이 내 손으로 이스라엘을 구원하실 줄을 내가 알겠나이다 하였더니(삿 6:37).

이 세상에서 아침 이슬을 한 곳에만 집중하여 내리게 할 수 있는 사람은 없다. 그것은 오직 하나님만 하실 수 있는 일이다. 기드온은 하나님이 자신을 통해 일하시겠다고 하신 때가 바로 지금인지 양털로 확인해 보고 싶었던 것이다.

그런데 다음 날 아침에 보니 정말 기드온의 간구대로 양털 뭉치에만 이슬이 흥건하게 맺혀 있었다. 하나님이 기적으로 응답하신 것이었다. 말씀하신 분이 하나님이며 바로 지금 기드온을 통해 미디안을 무찌르겠다는 뜻을, 기드온이 원하는 방법대로 명확하게 보여 주신 것이었다.

하지만 한 번의 기적만으로 그 큰일을 시작하기에는 기드온의 갈등이 너무 컸다. 양털에 나타난 하나님의 증거를 보고도 마음이 진정되지 않은 기드온은, 다시 한 번 증거를 보여 달라고 요청한다.

> 기드온이 또 하나님께 여쭈되 주여 내게 노하지 마옵소서 내가 이번만 말하리이다 구하옵나니 내게 이번만 양털로 시험하게 하소서 원하건대 양털만 마르고 그 주변 땅에는 다 이슬이 있게 하옵소서 하였더니(삿 6:39).

다음 날 아침, 기드온은 하나님의 증거를 다시 발견한다. 이슬이 내려 질퍽대는 마당 한가운데서 바싹 말라 뽀송뽀송한 양털 뭉치를 발견한 것이다. 한없는 긍휼과 은혜로 격려하고 함께하시는 주님의 말씀이 성취될 것을 확증하는 사건이었다.

하나님의 음성을 두 번이나 듣고 확인했으니, 이제는 나아갈 수밖에 없었다. 미디안과 싸우겠다고 모여든 사람들을 세어 보니 3만 2천 명이었다. 3만 2천 명 정도면 대군이다. 그러나 미디안 연합군의 수에 비하면 매우 적은 수였다.

> 미디안과 아말렉과 동방의 모든 사람들이 골짜기에 누웠는데 메뚜기의 많은 수와 같고 그들의 낙타의 수가 많아 해변의 모래가 많음 같은지라(삿 7:12).

우리나라에서는 볼 수 없지만 영화나 TV에서 메뚜기 떼를 본 적이 있는 사람이라면, 하늘을 뒤덮을 정도로 엄청나게 많은 메뚜기 떼의 비행 장면을 기억할 것이다. 메뚜기 때에 비교할 정도라면, 도대체 얼마나 많은 것일까? 또한 그들이 타고 온 낙타는 해변의 모래처럼 많다고 했다. 부산 해운대에 있는 모래가 대충 몇 개나 될까? 셀 수도 없을 것이다. 연합군의 수도 그러했다. 성경 기자도 정확한 수를 헤아릴 수 없을 만큼 엄청난 대군이 들이닥쳤다.

하지만 기드온에게는 더 이상의 병력이 없었다. 이런 현실 앞에서 기드온의 마음이 어땠을까? 그런 기드온의 귀에 하나님의 음성이 들려왔는데, 도저히 믿기 힘든 내용이었다. 가뜩이나 겁이 나서 떠는 기드온에게 "너희들 수가 너무 많다"라고 말씀하시는 것이 아닌가?(삿 7:2)

너무 많다니. 말도 안 되는 얘기다. 오히려 하나님이 오병이어의 기적을 베풀어서 3만 2천 명을 수천수만의 대군으로 늘리셔야 했다. 상식으로는 도저히 이해할 수 없는 하나님의 음성 앞에서 겁쟁이 기드온은 다리가 후들거렸을 것이다.

하나님은 왜 이스라엘 군대의 수를 줄이라고 하셨을까? 상황이 어찌됐든 그 전쟁은 이스라엘이 이기게 되어 있었다. 하나님이 친히 싸우실 것이 이미 계획된 전쟁이기 때문이다. 그래서 아무것도 할 줄 모르는 겁쟁이 기드온을 통해 미디안과 싸우려 하셨던 것이다. 하지만 이스라엘 백성들은 어떤가? 그들은 전쟁에서 이긴다 해도 승리의 영광을 하나님께 돌리지 않을 사람들이었다. 자기들 힘으로 승리를 쟁취했다고 잘난 체하며 교만을 떨 인간들이었다. 하나님은 차라리 기드온 혼자 싸우게 할망정 이스라엘 백성이 잘난 체하는 꼴은 못 보시겠으니 군대 수를 줄이라고 하신 것이다. 또한 이 전쟁은 전적으로 하나님 손에 달려 있으니 걱정하지 말고, 방해만 될 뿐인 겁쟁이 병사들은 그냥 일찌감치 퇴근시키라고 하신 것이다.

자신을 들었다 놨다 하시는 하나님의 음성 앞에서 기드온은 어떤 기분이 들었을까? 하나님의 음성과 현실의 충돌로 정신이 없었을 것이다. 그럼에도 기드온은 하나님을 신뢰하기로 결정하며 끊임없이 그분의 음성에 귀를 기울였다. 벼랑 끝에 몰리더라도 끝까지 하나님을 신뢰하는 것, 이것이 기드온의 유일한 생존전략이자 돌파구였다.

내가 기드온이었다면, 군사들을 모아 놓고는 위엄 있고 확신 있는 목소리로 이렇게 일장연설을 했을 것이다.

"제군들, 오늘은 역사적으로 중요한 날이다! 우리 조상 아브라함과 이삭과 야곱의 하나님이 내게 나타나셔서 우리를 오랫동안 괴롭힌 저 원수 같은 미디안을 쳐부수라고 명하셨다. 하나님이 우리와 함께하실 것이다! 그래서 나는 나팔을 불었고 제군들은 여기에 모인 것이다. 그런데 오늘 아침에 하나님이 명하시기를, 혹시 제군들 중에, 결코 없으리라 믿긴 하지만 만에 하나라도 두려워서 떠는 겁쟁이가 있다면 지금 당장 퇴근시키라고 하셨다. 내가 다시 한 번 말하는데 하나님이 우리와 함께하신다! 우리의 자녀가 '이스라엘 민족이 미디안과 싸울 때, 아빠는 뭐하셨어요?'라고 물을 때 마땅히 할 말이 없다면 얼마나 부끄럽겠는가! 나는 제군들은 사나이답게 명예를 택할 대장부들이라 생각한다! 제군들은 겁이 난다고 물러설 졸장부가 절대 아니다! 나는 결코 그럴 사람이 없으리라 생각하지만, 하나님이 모처럼 말씀하신 것이니 제군들에게 알려는 주겠다. 겁이 나서 떨고 있는 겁쟁이, 졸장부, 바보, 실패자, 낙오자, 인간쓰레기들이 있다면 집에 가도 좋다! 그런 사람들은 썩 꺼져라!"

나라면 이렇게, 가고 싶어도 갈 수 없는 쪽으로 진영의 분위기를 몰았을 것이다. 어쩌면 기드온도 그렇지 않았을까? 기드온이 어떻게 말했는지는 모르겠지만 어쨌든 하나님의 말씀을 전하고 보니, 놀랄 일이 벌어졌다. 이런 세상에! 2만 2천 명이나 도망쳐 버린 것이었다. 기드온은 억장이 무너졌을 것이다.

사실 기드온 본인도 겁이 나서 떠는 사람 중 하나였지만, 그는 돌아가지 않았다. 이 일이 하나님의 명령이기 때문이었다. 낙심하여 주저앉은 기드온에게 하나님은 최후의 결정타를 날리신다.

> 여호와께서 또 기드온에게 이르시되 백성이 아직도 많으니 그들을 인도하여 물가로 내려가라 거기서 내가 너를 위하여 그들을 시험하리라 내가 누구를 가리켜 네게 이르기를 이 사람이 너와 함께 가리라 하면 그는 너와 함께 갈 것이요 내가 누구를 가리켜 네게 이르기를 이 사람은 너와 함께 가지 말 것이니라 하면 그는 가지 말 것이니라 하신지라(삿 7:4).

고작 1만이 남았는데 그것도 많으니 더 줄이라고 하신다. 병사들을 물가로 데려가 물을 마시게 하면, 그중에서 남길 사람과 돌려보낼 사람을 고르겠다고 하신다. 그 음성을 들은 기드온의 기분은 어땠을까? 나 같으면 속으로 이렇게 항의했을 것이다. '왜요? 아예 저도 가라고 하시지 그래요?' 기드온도 아마 이렇게 말하고 싶지 않았을까? "하나님, 그냥 저도 퇴근하면 안 될까요? 보아하니 하나님 혼자서 다 하실 수 있을 것 같은데요."

겁쟁이 기드온으로서는 죽을 맛이었을 텐데, 신기하게도 그는 하나님의 음성에 끝까지 순종한다.

중동 지역은 물이 귀한 사막지대가 많다. 그래서 그 동네 사람들은 늘 갈증에 시달린다. 그런 환경에서 오아시스를 만났으니, 당연히 모든 병사가 눈이 벌개져서 물가로 달려갔을 것이다. 그런데 물을 마시다 보니 그 모습이 자연스레 두 부류로 나뉘었다. 한 부류는 무릎을 꿇고 머리를 물에 처박고 마셨던 '터프 가이'파 9천7백 명이었고, 다른 한 부류는 손으로 물을 떠서 소심한 자세로 좌우를 살피며 핥아먹은 '샌님'파 3백 명이었다. 그런데 하나님은 샌님파만 남기고 모두 돌려보내라고 말씀하셨다.

왜 하필 샌님파일까? 알고 보니 이 3백 명이 '람보'였던 걸까? 그렇지 않다. 하나님이 이스라엘 군대의 숫자를 계속 줄이신 이유는 이스라엘이 스스로 잘난 체하지 못하게 하기 위해서였다. 그래서 하나님은 파워 레벨이 가장 낮은 3백 명을 골라내셨다. 그래야 이 싸움이 하나님의 손에 달렸다는 사실을, 모든 이스라엘 백성은 물론이고 온 천하가 알게 될 것이기 때문이다.

처음에는 3만 2천 명이 머물던 야영지에서 이제는 3백 명과 밤을 보내면서 기드온은 어떤 기분이 들었을까? 아마 기드온의 성격을 놓고 봤을 때, 자기 진영과 미디안 진영을 번갈아 가며 보다가 하늘을 올려다보면서 깊은 한숨을 내쉬었을 것 같다. 지금까지 믿음으로 버틴 그였지만, 이번에는 많이 힘들었던 모양이다. 기드온이 하도 힘들어 하니까 걱정이 되셨는지, 하나님이 그날 밤 기드온에게 이렇게 말씀하신다.

> 그 밤에 여호와께서 기드온에게 이르시되 일어나 진영으로 내려가라 내가 그것을 네 손에 넘겨주었느니라 만일 네가 내려가기를 두려워하거든 네 부하 부라와 함께 그 진영으로 내려가서 그들이 하는 말을 들으라 그 후에 네 손이 강하여져서 그 진영으로 내려가리라 하시니 기드온이 이에 그의 부하 부라와 함께 군대가 있는 진영 근처로 내려간즉(삿 7:9-11).

비상식이 상식을 이기다

소심하고 겁 많은 기드온을 잘 아시는 하나님은 자상하게 동행까지 붙여서 적진을 정탐하게 하신다. 하나님의 말씀대로 적진에 잠입한 기드온은 미디안 병사들끼리 나누는 꿈 이야기를 엿듣게 된다.

> 기드온이 그곳에 이른즉 어떤 사람이 그의 친구에게 꿈을 말하여 이르기를 보라 내가 한 꿈을 꾸었는데 꿈에 보리떡 한 덩어리가 미디안 진영으로 굴러 들어와 한 장막에 이르러 그것을 쳐서 무너뜨려 위쪽으로 엎으니 그 장막이 쓰러지더라 그의 친구가 대답하

> 여 이르되 이는 다른 것이 아니라 이스라엘 사람 요아스의 아들 기드온의 칼이라 하나님이 미디안과 그 모든 진영을 그의 손에 넘겨주셨느니라 하더라(삿 7:13-14).

하나님은 적병의 꿈과 입술을 통해 다시 한 번 기드온의 승리를 확증해 주신다. 기드온은 이 대화를 듣고 힘과 용기를 얻어 하나님을 경배하며 진영으로 돌아와 기습 작전을 감행한다.

이스라엘의 3백 군사들이 용사가 아님은 그들이 손에 쥔 것이 무엇인지 보면 된다. 그들이 일당백, 일당천의 용사들이었다면 그 수준에 맞는 강력한 무기를 들고 가야 하지 않겠는가? 하지만 그들이 싸움터에 들고 간 것은 횃불과 항아리, 나팔뿐이었다. 이 세 가지는 모두 공격용 무기가 아니다. 이들은 전쟁터에서 도저히 할 수 없는, 비상식적인 행동을 하고 있다. 기드온은 대체 왜 그런 것을 들고 전투에 나섰을까? 성경에는 기록되어 있지 않지만, 보나마나 하나님이 그렇게 하라고 말씀하셨을 것이다. 인원 모집에서부터 감축에 이르기까지 하나님이 모든 것을 이끄셨는데, 이제 와서 기드온이 아이디어를 내서 전략을 세웠을 리 없다. 기드온은 계속 하나님의 음성을 들으며 한 걸음 한 걸음 순종했을 것이다.

도대체 항아리로 누구를 죽일 수 있겠는가? 횃불로는 어떻게 싸울 수 있을까? 나팔로는 몇 사람이나 해치울 수 있을까? 이 세 가지는 도저히 무기로 볼 수 없는 것들이다. 게다가 이들의 작전이라는 것은 적진 근처에 다가가서 항아리를 깨뜨리고 나팔을 불며 횃불을 치켜드는 것뿐이란다. 지휘관이 미치지 않고서야 어떻게 야간 전투에서 이렇게 행동할 수 있겠는가? 이것은 "우리 여기 있으니 잡아 잡수" 하며 자신들의 위치를 드러내는 행동이다. 한밤중에 달랑 단검 한 자루 들고 적진으로 들어가서는 자기 머리 위로 조명탄을 쏘는 것과 같은 짓이다. 고작 3백 명이 수백만 대군의 진영 가까이에서 그런 짓을 한다는 것은, 코흘리개 어린아이라도 하지 않을 바보 같은 짓이다. 하지만 기드온은 그렇게 했다. 하나님이 그렇게 하라고 말씀하셨기 때문이다.

그런데 잠시 후 예상치 않은 일이 벌어졌다. 기드온과 3백 명의 바보짓에 놀란 미디안 연합군이 자기들끼리 치고받기 시작한 것이다. 하나님이 정신을 쏙 빼놓으셔서 그랬는지, 적병들은 아군끼리 서로 보자마자 베고 찌르며 전투를 벌였다. 결국 그 많던 미디안 연합군이 거의 전멸하고, 살아남은 자들은 모두 허겁지겁 도망쳐 버렸다. 기드온과 3백 명의 군사들이 바보짓 한 번 했을 뿐인데, 전쟁이 모두 끝나 버렸다. 바보짓만으로 그들은 놀라운 승리를 맛보았고, 이스라엘은 이 전투 덕분에 수습하기도 힘들 정도로 많은 땅과 노획물을 얻었다.

전투가 끝나고 얼마 지난 후, 이스라엘 백성들이 기드온을 찾아와 이렇게 말한다.

그때에 이스라엘 사람들이 기드온에게 이르되 당신이 우리를 미디안의 손에서 구원하셨으니 당신과 당신의 아들과 당신의 손자가 우리를 다스리소서 하는지라(삿 8:22).

놀라운 승리를 이끈 영웅 기드온과 그의 가문에게 이스라엘의 지도자가 되어 달라고 요청하는 것이다. 그런데 이 장면을 묵상하다 보면, 또 다른 장면이 떠오른다. 포도주 틀에 숨어서 밀을 타작하던 겁쟁이 기드온에게 여호와의 사자가 찾아와 터무니없는 예언을 날리던 장면 말이다.

여호와의 사자가 기드온에게 나타나 이르되 큰 용사여 여호와께서 너와 함께 계시도다(삿 6:12).

사사 시대의 큰 용사는 어떤 사람인가? 자기 민족을 외적의 손에서 구원하고 영토를 넓혀 주는 지도자다. 그런데 지금 만 백성이 모두 겁쟁이 기드온을 큰 용사로 인정하고 받들고 있다. 기드온은 약한 집안의 제일 작은 자였지만, 지금은 하나님이 말씀하신 대로 온 백성이 인정하는 '가장 큰 용사'가 되었다. 그래서 사람들은 가장 큰 용사 기드온과 그 자손의 대에 이르기까지 이스라엘을 다스려 달라고 청원하는 것이다. 기드온이 보여 준 지도력과 승리를 이스라엘 역사상 전무후무한 것으로 인정하는 것이다.

하나님의 음성을 듣는 것은 그분을 알아 가는 것이다

우리는 하나님의 음성을 듣는 삶을 살고 싶어서 늘 시도해 보지만, 매우 힘들어서 낙심하고 만다. 우리 같은 연약하고 평범한 그리스도인은 도저히 다다를 수 없을 것 같은, 저 너머 '초고수'들의 삶처럼 느껴진다.

우리는 다들 하나님이 우리에게 말씀하시는 분이라는 것을 알고 충분히 믿는다. 그런데 왜 하나님의 음성을 듣기가 힘들까? 문제는 바로 '나'다. 주님은 생명보다 귀한 말씀을 쉬지 않고 퍼부어 주시는데, 내가 알아듣지 못하는 것이 문제다. 나는 수많은 이유로 하나님의 음성을 놓치고 오해하고 거부하며 살아왔다. 때로는 죄의 문제로, 때로는 굳어 버린 마음 때문에, 때로는 믿음이 부족해서, 때로는 기다릴 수 없어서…. 그래서 하나님의 음성 듣는 삶을 연구하면 할수록 내 안에는 이런 질문이 점점 더 강하게 떠올랐다.

"정말 내가 하나님의 음성을 들을 수 있을까?"

이 질문을 붙들고 한창 씨름하던 중에 우연히 만나게 된 것이 바로 기드온과 3백 명의 용사 이야기였다. 하나님은 왜 기드온의 이야기를 성경에 남겨 놓으셨을까? 그가 이룬 업적과 승리가 위대하고 놀라워서였을까? 사실은 다 하나님이 하신 일인데? 기드온이 한 거라고는 걱정하고 불안해하며 두 손 놓고 앉아 있는 것뿐이었는데? 나와 별 다를 바 없는, 아니 나랑 똑같은 인물이 하나님의 음성을 듣고 순종한 성공 사례로 기록되다니 이해할 수 없었다. 그러나 기드온의 이야기를 다시 한 번 살펴보자. 기드온의 이야기는 세 가지 키워드로 정리할 수 있다. 맨 처음에는 '겁쟁이', 맨 끝에는 '큰 용사', 그리고 이 둘 사이에 계신 '말씀하시는 하나님'까지.

겁쟁이

기드온은 부적격자였지만, 하나님의 음성을 들은 사람의 표본이다. 말 그대로 작고 나약하고 무능한 겁쟁이였던 기드온은, 설사 하나님의 음성을 듣더라도 그것을 감당하기에는 벅찬 그릇이었다. 하지만 기드온은 분명히 하나님의 음성을 들었고 순종했으며, 그 덕분에 성공했다. 그토록 많은 결격 사유를 가졌으면서도 기드온이 하나님의 음성을 들을 수 있었던 이유는 무엇이었을까?

답은 간단하다. 하나님이 기드온에게 말씀하셨기 때문이다. 하나님은 사람의 어떠함이 아니라 그분의 뜻에 따라 말씀하신다. 이 책에서 나는 하나님의 음성을 듣는 데 필요한 것들을 설명했다. 하지만 이것은 하나님의 음성을 명확하게 듣고 분별하기 위한 내용들이지, 하나님이 나에게 말씀하시게 하는 주문 같은 것이 아니다. 기드온 같은 사람이 하나님의 음성을 들을 수 있었던 것은 하나님의 말씀을 받을 만한 준비가 되어 있었기 때문이 아니라 하나님이 그에게 말씀하셨기 때문이다.

기억하라. 하나님의 음성을 듣는 삶을 시작하는 것은 우리가 아니다. 바로 하나님이시다. 하나님이 말씀하시기 때문에 그분의 음성을 듣는 것이다.

그래서 나는 겁쟁이로부터 시작되는 기드온 이야기가 참 좋다. 기드온 이야기를 통해, 하나님의 음성을 듣는 삶은 나로부터 시작되야 함을 알게 되며, 그 삶은 나에게 달린 것이 아니라 하나님이 하시는 일임을 발견하게 되기 때문이다. 기드온 이야기는, 하나님의 음성을 듣고는 싶으나 자신이 부적격자인 것 같아서 고민하는 사람들에게 매우 큰 위로와 격려가 된다.

하나님의 음성을 듣고 싶어 하는 이 땅의 겁쟁이들이여, 힘을 내라! 우리가 아니라 하나님이 시작하신다. 그분이 우리에게 말씀하신다.

큰 용사

"그럼 끝은 어떻게 될까요?"

부적격자로서는 그 결과를 생각하지 않을 수 없다. 일을 벌여 놨어도 그것을 좋은 열매로 맺을 밑천이 없다는 것을 스스로 잘 알기 때문이다. 그래서 많은 사람이 결말에 대한 확신이 없다는 이유로, 하나님의 음성을 듣고도 중간에 포기하고 멈춰 버린다. '나는 부적격자야'라는 생각이 끝까지 그의 발목을 잡는 것이다.

그런 사람들은 기드온 이야기의 결말을 기억할 필요가 있다.

하나님은 그분의 음성 듣는 삶을 기드온처럼 '겁쟁이'로 시작하는 우리들을 위해, 기드온의 이야기를 '큰 용사'로 마무리하셨다. 극히 약한 집안에 가장 작은 자였던 기드온은 큰 용사가 되었다. 이 '큰 용사'라는 결말은 누가 정한 것인가? 꿈과 비전에 가득 찬 기드온이 정한 것인가, 아니면 기드온의 아버지가 정해 준 것인가? 아니다. 기드온은 생각조차 해본 적이 없는 일이었다. 이는 하나님이 정하신 것이다! 어떻게 그럴 수 있었을까? 어떻게 당사자가 원하지도 않았는데, 그 어마어마한 일이 성취될 수 있었을까? 이번 답도 간단하다. 하나님이 그렇게 하겠다고 말씀하셨기 때문이다.

기드온은 하나님이 큰 용사로 만들겠다고 하셨기 때문에 큰 용사가 되었다. 하나님이 그렇다고 하시면 그런 것이다. 하나님이 된다고 하시면 그대로 된다. 하나님은 한다고 하시면 그렇게 하신다. 하나님은 말씀하신 바를 지키시며, 말씀하신 대로 행하시는 분이기 때문이다. 이것을 그대로 받아들이고 의심하지 않는 것이 바로 믿음이다.

어떻게 끝날지 몰라 걱정스러운가? 결과가 두려워서 그냥 그대로 하나님의 음성 듣는 삶에서 도중하차하고 싶은가? '큰 용사'로 끝난 기드온 이야기를 기억하라. 두려워하지 마라. 우리가 들었던 하나님의 말씀, 우리 인생을 향한 그분의 시나리오는 말씀하신 그대로 이루어질 것이다.

말씀하시는 하나님

겁쟁이로 시작해서 큰 용사로 끝이 난 기드온의 이야기를 살펴보니, 이런 질문이 떠오른다. "겁쟁이가 큰 용사로 변하는 동안 기드온은 뭘 했을까?"

그 답을 찾으려면, 하나님과 기드온 사이에서 끊임없이 오갔던 '음성들'에 주목해야 한다. 성경을 살펴보면, 기드온은 쉴 새 없이 들리는 하나님의 음성에 대답하고 질문하느라 다른 일을 할 겨를이 없었을 것 같다. 그만큼 하나님과 기드온의 대화는 멈추지 않고 계속되었다. 결론부터 말하자면, 기드온의 성공 비결은 하나님의 음성을 듣고 순종하며 따라간 데 있었다. 우리도 기드온처럼 산다면, 하나님이 주신 약속의 성취를 맛보는 성공한 인생을 살 수 있다.

하지만 하나님의 음성을 듣는 사람에게 약속된 진짜 축복은 그것이 아니다. 하나님의 음성을 듣는 사람은 삶의 모든 과정 속에서 살아 계신 하나님을 실제로 경험할 수 있다. 그리고 그 경험을 통해 하나님이 어떤 분인지 더 깊이 알아 가는 특권을 누리게 된다. 그것이 바로 하나님의 음성을 듣는 진짜 목적이자 결과이며, 이 책의 결론이다.

기드온은 하나님의 음성을 듣고 성공한 사람이었다. 기드온은 충분히 자신의 성공을 만끽할 만했다. 자신과 자신의 가문을 이스라엘의 지도자로 삼겠다는 온 백성의 지지와 인정을 즐길 수 있었다. 하지만 기드온은 자신이 어디에서 출발했으며,

그 자리까지 어떻게 가게 되었는지 누구보다 잘 알았다. 그 승리는 기드온이 지닌 조건이나 능력 덕분이 아니라 오직 하나님의 음성을 듣고 순종한 데서 온 것임을 매우 잘 알았다. 그래서 기드온은 자신에게 집중된 온 세상의 관심을 하나님께로 돌린다.

> 내가 너희를 다스리지 아니하겠고 나의 아들도 너희를 다스리지 아니할 것이요 여호와께서 너희를 다스리시리라(삿 8:23).

기드온이 진정으로 기뻐한 것은 미디안 대군을 이기고 이스라엘의 진정한 큰 용사가 된 것이 아니었다. 기드온은 자신이 살아 계신 하나님을 경험하고 깊이 알게 되었다는 것이 그 무엇보다 가장 기쁘고 행복했다.

솔직히 말해, 기드온으로서는 쉽게 감당할 수 없을 만한 음성이었다. 기드온이 얼마나 힘들었겠는가? 가슴이 뛰고 간이 콩알만 해지는 상황은 또 얼마나 많았는가? 그런데도 겁쟁이 기드온은 도망치지 않았다. 끝까지 하나님의 음성을 듣는 자리에 서 있었다. 그 점이 신기하지 않은가?

포기하고 싶은 상황의 연속이었지만, 기드온은 그 안에서 하나님을 경험하며 알아 가는 '맛'을 조금씩 느끼고 있었다. 심장이 입 밖으로 튀어나올 만큼 겁이 나고 두려웠지만, 하나님과의 깊이 있는 만남을 놓치고 싶지 않았던 것이다. 그래서 기드온은 하나님을 알고 그분을 인정하는 기쁨과 사람들의 칭찬이나 승리의 영광을 맞바꿀 수 없었을 것이다.

기드온이 그랬듯, 하나님을 알아 가는 '맛'에는 강한 중독성이 있다. 경험하면 할수록 더욱 사모하게 된다. 알면 알수록 순종하게 된다. 찬양하지 않을 수 없으며, 예배하지 않을 수 없다. 세상 그 어떤 것도 줄 수 없는 참 생명과 참 만족이 그분에게 있기에, 딴 데 한눈팔 겨를이 없다. 우리 하나님은 그런 분이시다. 그래서 하나님은 억지로 사랑과 순종을 강요하지 않고, 하나님이 어떤 분인지 우리 스스로 천천히 경험하게 하신다. 일단 그 맛을 보면, 결코 그 행복을 포기할 수 없게 되기 때문이다.

하나님이 우리에게 말씀하시는 것은 그 때문이다. 우리가 자신도 모르는 사이 하나님의 음성을 사모하게 되는 것도 그 때문이다. 하나님의 음성을 듣는 것은 그분을 알아 가는 시작이며, 우리 영혼이 만족하고 인생이 행복해지는 길은 하나님을 알아 가는 일만한 게 없기 때문이다.

하나님의 음성에 귀 기울이고, 들은 바대로 순종하라. 일이 잘되고 현명한 선택을 내리는 수준을 뛰어넘어, 살아 계신 하나님을 알아 가는 참 기쁨 속으로 들어가라. 이것이 바로 모든 그리스도인을 향한 하나님 아버지의 부르심이다.

부록

묵상을 통해,
살아 계신 하나님을
날마다 경험하려면…

1. 하나님을 찬양하며 높여드린다.
2. 예수 그리스도의 보혈에 의지하여, 회개하지 않은 모든 죄와 허물을 떠오르는 대로 고백한다.
3. 성령충만을 간구한다.
4. 선입관과 말씀에 대한 지식을 내려놓는다.
5. 하나님의 말씀인 '성령의 검'과 예수님의 이름으로, 묵상을 방해하는 원수의 세력을 공격하며 대적한다.
6. 하나님이 묵상 시간에 놀라운 은혜를 부어 주시리라는 것과 그분의 음성을 들려주실 것을 믿고 감사의 고백을 올려드린다.
7. 본문을 소리 내어 읽는다.
8. 본문을 다시 한 번 잠잠히 읽는다.
9. 읽으면서 감동되는 것과 깨달은 것, 말씀의 내용과 관련되

어 떠오른 것들을 묵상노트에 적는다.

10. 적은 것을 놓고 하나님 앞에 나아가 묻고 듣는다. 잠잠히 하나님을 기다리면서, 듣고 느낀 바를 노트에 적는다.
11. 멋진 묵상 시간을 허락하신 것에 대해 감사의 기도를 드린다.
12. 오늘의 일정과 계획에 관해 묻고 듣는 시간을 갖는다.
13. 기도로 마무리한다.

하나님의 음성을
다른 사람과 나눌 때
주의해야 할 것

겸손하라

그동안 한국 교회 안에는 하나님의 음성을 들었다는 사람들의 교만한 언행으로, 하나님의 영광이 가려지고 그리스도의 몸이 상처 입는 일들이 많이 있었다. 이것은 한 개인의 문제로 끝나지 않고 하나님에 대한 불신과 오해를 불러일으켜서 다른 사람의 신앙생활에까지 피해를 주게 된다.

만일 하나님의 음성을 듣고 다른 사람의 은밀한 사정을 알게 되었다면, 반드시 비밀을 지켜야 한다. 하나님이 말하라고 하실 때까지 침묵하는 것이 좋다. 다만 그 사람을 위해 끊임없이 기도하라.

교만은 하나님과의 관계를 망가뜨린다. '죄'와 함께 그분의 음성을 듣지 못하게 방해하는 가장 커다란 장애물이다. 하나님의 음성을 진정으로 듣는 사람은, 시간이 갈수록 하나님을 닮아 겸손해지게 되어 있다.

비교하지 마라

자신이 들은 하나님의 음성을 서로 비교하지 마라.

또한 어둠의 권세에 대항하고 싸우라고 주신 말씀을, 혈과 육에 대한 싸움에 사용해서는 안 된다. 하나님의 음성을 빌미삼아 다른 사람을 판단하고 공격하는 기회로 삼지 말라는 얘기다.

'I' Message

하나님의 음성을 듣고 나눌 때에는 "제가…, 저에게…, 저는…"과 같은 1인칭 문장으로 말하는 것이 좋다.

"너희들이…, 당신들이…" 같은 2인칭 문장으로 나누게 되면, 판단하고 가르치는 것 같은 느낌을 주게 되므로 주의하라. 당신의 겸손한 언어와 태도가 하나님의 음성을 더욱 빛나게 할 것이다.

초신자에게 하나님의 음성 듣는 법을 가르칠 때

(이 책의 내용을 읽고 참고하기 바란다.)

1. '하나님의 음성을 듣는다'는 것의 올바른 정의를 가르쳐라.
2. 가르치는 사람은 실제로 하나님의 음성을 듣고 순종한 경험이 있어야만 한다.
3. 당신이 '하나님의 음성'과 관련된 모든 것을 아는 것처럼 행동하지 마라.
4. 함께 기도하고 하나님의 음성을 들어라.
5. 하나님의 음성을 듣는 데에 '마음'이 왜 중요한지, 그리고 하나님이 어떤 방법으로 말씀하시는지 가르쳐라.
6. '나이키 요법'(Just Do It)과 하나님 음성을 듣는 것은, 절대 '은사'가 아니라는 점을 강조해야 한다.
7. 실제적인 문제를 놓고 하나님의 음성을 들으며 분별하는 훈련을 정기적으로 하라.
8. 멈추지 말고 계속해서 격려하라.

참고 도서

고든 스미스 《분별의 기술》 (사랑플러스)

고든 잭슨 《하나님의 뜻을 발견하는 62가지 방법》 (규장)

로렌 커닝햄 《하나님, 정말 당신이십니까?》 (예수전도단)

브래드 저삭 《내 양은 내 음성을 듣는다》 (예수전도단)

서승동 《묵상, 하나님을 알아가는 시작입니다》 (예수전도단)

오대원 《묵상하는 그리스도인》 (예수전도단)

정요석 《내 뜻인가, 하나님 뜻인가》 (홍성사)

제럴드 L. 싯처 《하나님의 뜻》 (성서유니온선교회)

조이 도우슨 《조이 도우슨의 하나님의 음성을 듣는 삶》 (예수전도단)

조이스 허기트 《하나님의 음성 듣기》 (서로사랑)

하나님의 음성을 듣는 것은
은사가 아닙니다

지은이   문희곤

2009년 1월 5일 1판 1쇄 펴냄
2022년 8월 12일 1판 23쇄 펴냄

펴낸곳   도서출판 예수전도단
출판 등록   1989년 2월 24일(제2-761호)
주소   서울특별시 관악구 신림로7나길 14
전화   02-6933-9881 · 팩스 02-6933-9989
전자우편   ywam_publishing@ywam.co.kr
홈페이지   www.ywampubl.com

ISBN 978-89-5536-308-1
책값은 뒤표지에 있습니다.

본 저작물의 한국어판 소유권은 도서출판 예수전도단에 있습니다.
잘못된 책은 바꾸어 드립니다.